Geschichten und Gedichte für 101 Ta

James Krüss
Der fliegende Teppich

mit 226 Zeichnungen von Rolf Rettich

Verlag Friedrich Oetinger
Hamburg

Gesamtherstellung: Mohndruck Reinhard Mohn OHG, Gütersloh
Printed in Germany 1976
ISBN 3 7891 2226 2

Abflugtafel für den fliegenden Teppich

Dritter Flug

Von A nach Zett
oder
Adam war der erste Mann
Abc-Geschichten und Abc-Gedichte

Vierter Flug

Zum fernen Lande Lutschistan
oder
Wenn die Möpse Schnäpse trinken
Ulk-Geschichten und Ulk-Gedichte

Fünfter Flug
Zum Königreich von Nirgendwo
oder
Die unbekannte Stadt Zimbale
Geschichten und Gedichte von seltsamen Orten und Leuten

Sechster Flug
Zum Pavillon aus Porzellan
oder
Der Garten des Herrn Ming
Geschichten und Gedichte aus Asien

Siebenter Flug
Bis nach Ober-Donauwörth
oder
Wer hat Ameisenkinder gesehn?
Tiergeschichten und Tiergedichte

Achter Flug
Nach Holland und nach Dänemark und Rußland obendrein
oder
War einst ein Landsknecht in Flandern
Geschichten und Gedichte von Rittern, Räubern und anderen Leuten

Neunter Flug
Von Vorgestern nach Übermorgen
oder
Der Affe, unser Urgroßahn
Geschichten und Gedichte vom Fortschritt

Zehnter Flug
Rundum
oder
Aller Anfang ist das Ende
Geschichten und Gedichte vom Menschen

ANFANG

1 Der fliegende Teppich

Gereimte Vorbemerkung über fliegende Teppiche, Geschichten, Gedichte und andere leichtgewichtige Gegenstände

Geschichten und Verse, von mir einst erdacht,
Die sammelte ich und die schlepp ich
Wie Selim in »Tausendundeiner Nacht«
Durchs Land auf dem fliegenden Teppich.

Der Teppich, den einer da knüpft oder flicht,
So nützlich und schmuck jedem Heime:
Er gleicht ja im Muster gar manchem Gedicht
Voll bunter verschlungener Reime.

Und fliegen nicht – so wie die Teppiche bunt
Durch Märchen des Orients fliegen –
Geschichten vom Munde zum anderen Mund
Wie Blätter, die luftig sich wiegen?

Geknüpft aus Gedanken, gemustert vom Traum,
Vom Atem des Mundes geschwellt,
Sehr zart, aber zäh, so wie Feder und Flaum,
Fliegt nun meine Fracht durch die Welt.

Flieg mit. Doch hab acht, wenn du wolkenwärts treibst.
Bleib stets auf dem Teppich, mein Kind;
Und strecke, damit du im Gleichgewicht bleibst,
Die Nase stets steif in den Wind.

Der fliegende Teppich beginnt seinen Flug.
Komm näher, steig auf und schau aus.
Und bist du geflogen und sahst du genug,
Dann bringt er dich wieder nach Haus.

Erster Flug

Vom Januar bis zum Dezember
oder
Ich, Kinder, bin der Faschingsprinz

Geschichten und Gedichte für alle Jahreszeiten

2 Spatzenjanuar

Weiß steht der Wald,
Sagen die Spatzen,
Und es ist kalt,
Sagen die Spatzen.
Doch Eis und Schnee,
Sagen die Spatzen,
Tun uns nicht weh,
Sagen die Spatzen.
Im Federkleid,
Sagen die Spatzen,
Sind wir gefeit,
Sagen die Spatzen.
Doch eins tut not,
Sagen die Spatzen:
Ein bißchen Brot,
Sagen die Spatzen.

3 Lied des Faschingsprinzen

Aufzusagen mit einer Blechtrompete

Ich, Kinder, bin der Faschingsprinz.
Ich spiele Baß und Flöte
Und dudele für Kunz und Hinz
Auf meiner Blechtrompete.

Ich hab mir mein Kostüm geborgt.
Mit Schellen und mit Bändern
Und hundert Masken wohlversorgt,
Kann ich mich rasch verändern.

Auch euch verzaubre ich im Nu,
Wenn ich vorüberwandre.
Ich seh euch an, ich wink euch zu;
Und ihr seid plötzlich andre.

Der Metzger wird zum Rittersmann,
Der Schneider wird sein Knappe.
Und du kommst wie ein König an
Mit Pomp aus Putz und Pappe.

Seid König oder Königin,
Seid Seemann oder Bayer:
Es steckt ein Sinn im Unsinn drin,
Und Lachen macht euch freier.

Ich bringe euch die Narrenzeit.
Ihr dürft auf Händen laufen.
Auf meinem bunten Karren, Leut,
Sind Träume zu verkaufen.

Macht mit und tut, was euch gefällt.
Laßt keck und ohne Trauern
Die bunte Seifenblasenwelt
Bis Aschermittwoch dauern.

Dann nehmt die Maske vom Gesicht.
Seid wieder Hans und Grete.
Jedoch vergeßt im Leben nicht
Den Ton der Blechtrompete!

4 Lied des Osterhasen

Mit einer Hasenmaske vorzutragen

Man nennt mich Osterhase.
Warum? Das weiß ich nicht.
Ich stecke meine Nase
Sehr gern ins Osterlicht.

Vielleicht, daß man mich deshalb
Den Osterhasen nennt.
Ich lauf und weiß nicht, weshalb
Die Sehnsucht mit mir rennt.

Ich schieße Purzelbäume.
Ich flieg durchs grüne Land.
Ich spränge auf die Bäume,
Wär ich dazu imstand.

Ich wünsch mir, wo die Saat steht,
Hellgrün und warm besonnt,
Ein riesiges Salatbeet
Bis an den Horizont.

Man nennt mich Osterhase.
Warum? Das weiß ich nicht.
Doch steck ich meine Nase
Sehr gern ins Osterlicht.

5 Ein Osterei vom Böhmerland

Ein Osterei vom Böhmerland,
Bemalt von einer Kinderhand,
Das lag zur Osterfeier
Mit andern Eiern hübsch im Nest.
Es war an diesem Osterfest
Das schönste aller Eier.

Es war ganz ohne Eitelkeit;
Und doch erregte es den Neid
Der andern Eier ständig.
Sie foppten es, erschreckten es,
Verspotteten und neckten es;
Denn es war hohl inwendig.

Ein taubes Ei, ein Wind-Ei war's,
Ein hohles Ei, ein Blind-Ei war's,
Ein Ei, das innen leer war.
Die andern Eier sagten bloß:
»Es ist zwar schön, doch inhaltslos
Und nutzlos und nicht ehrbar.«

Doch als der Ostersonntag kam
Und jeder Mensch ein Ei sich nahm,
Da aß man alle Eier.
Das schöne Ei nur blieb zum Glück
Hohl, aber heil im Nest zurück
Bei dieser Osterfeier.

Noch nach dem Fest war es im Haus.
Es hing an einem Rosenstrauß
Zur Freude aller Leute.
Es baumelte an einem Blatt.
Wenn niemand es zerbrochen hat,
Dann hängt es dort noch heute.

Es lehrt das Ei vom Böhmerland,
(Bemalt von einer Kinderhand
Im Stil der alten Bräuche):
Die Schönheit lebt viel längre Zeit
Als Wichtigkeit und Nützlichkeit
Und auch als volle Bäuche.

6 Pauline und der Mai

Einmal spielte Pauline zufällig auf einer Wiese, auf der die zwölf Monate zusammengekommen waren. Die Wiese lag in einem Tal, das nach allen vier Himmelsrichtungen Zugänge hatte. Pauline konnte den Einzug der zwölf Monate gut beobachten: Von Osten kamen der März, der April und der Mai, von Süden sind Juni, Juli und August gekommen, von Westen eilten September, Oktober und November herbei, und vom hohen Norden kamen der Dezember, der Januar und der Februar.

Der Mai war von allen am hübschesten gekleidet. Die anderen elf Monate sagten, als sie ihn betrachteten: »Er ist reizend angezogen; aber sonst ist er ein Taugenichts!«

Als der Mai das hörte, rief er Pauline herbei und fragte sie: »Welcher Monat gefällt dir am besten?«

Pauline antwortete, ohne lange zu überlegen: »Du, Herr Mai!«

»Merkwürdig«, sagten elf Monate. »Merkwürdig, daß ihr der Mai am besten gefällt.«

Besonders die drei ernsten Wintermonate Dezember, Januar und Februar wunderten sich. Sie fragten das Mädchen: »Warum gefällt dir der Mai am besten?«

»Weil er nicht so frostig und kalt ist wie ihr«, erwiderte Pauline.

»Aber er ist albern«, sagten die drei Wintermonate. »Du kannst nichts von ihm lernen.«

»Doch«, lachte Pauline. »Ich habe etwas von ihm gelernt. Etwas sehr Schönes und Nützliches sogar.«

Da rissen die drei Wintermonate ihre eisblauen Augen auf und fragten: »Was kann man denn vom Mai lernen?«

»Das Singen!« rief Pauline lachend.

»Merkwürdig«, sagten elf Monate. »Merkwürdig, daß man vom Mai tatsächlich etwas lernen kann.«

Aber die drei drallen Sommermonate Juni, Juli und August fügten spöttisch hinzu: »Mag sein, daß man vom Mai das Singen lernt. Aber man kann nicht ewig singen. Und zu anderen Dingen ist der Mai wirklich nichts nütze.«

Der Juni sagte: »Der Teich nützt im Mai weder zum Baden noch zum Schlittschuhlaufen.«

»Und die Erde«, ergänzte der Juli, »ist im Mai noch zu kalt, um darauf zu liegen.«

»Außerdem«, brummte der August, »außerdem haben die Obstbäume im Mai noch keine Früchte und die Felder noch kein Korn.«

»Also«, schlossen die drei Sommermonate im Chor, »also kann man im Mai nur eines tun: nämlich singen. Und sonst nichts.«

»Falsch«, sagte Pauline. »Im Mai kann man sehr viel tun!«

»Und das wäre?« fragten die drei Sommermonate gespannt.
»Ich will es euch vorsingen«, erklärte Pauline. »Mein Lied heißt: Was tut man im Mai?«
Dann sang das Mädchen:

»Was tun die Katzen im Mai?
Sie lecken und schlecken den Brei,
Erziehn ihre Kätzchen
Und jagen die Spätzchen.
Das tun die Katzen im Mai.

Was tun die Hunde im Mai?
Sie rasen an Zäunen vorbei.
Sie wickeln die Leine
Dem Herrn um die Beine.
Das tun die Hunde im Mai.

Was tun die Pferde im Mai?
Sie trappeln zur Bierbrauerei.
Sie holen das Mai-Bier
Und schlürfen ein Frei-Bier.
Das tun die Pferde im Mai.

Was tun die Buben im Mai?
Sie reißen die Hosen entzwei.
Von London bis Posen
Zerreißen sie Hosen.
Das tun die Buben im Mai.

Was tun die Mädchen im Mai?
Sie nähen zu Haus allerlei
Aus Schleifen und Bändern
Und Seidengewändern.
Das tun die Mädchen im Mai.

Was tut ein Dichter im Mai?
Er legt sich ins krabblige Heu
Und reimt auf der Wiese
Gedichte wie diese
Und kratzt und juckt sich dabei.«

Als Pauline das Lied beendet hatte, sagten elf Monate: »Merkwürdig! Höchst merkwürdig, daß man im Mai so vielerlei tun kann.«
Aber die drei pausbäckigen Herbstmonate, der September, der Oktober und der November, spotteten und riefen: »Mag sein, daß man im Mai dies und das tun kann; aber Geschenke hat der Mai keine zu vergeben. Er spendet keine Früchte wie wir, kein Korn wie der Sommer und keine Schneefreuden wie der Winter. Er ist ein armer Hungerleider.«
»Irrtum«, sagte Pauline. »Der Mai hat wohl etwas zu verschenken!«
»Und das wäre?« fragten die drei Herbstmonate gespannt.
»Blüten!« antwortete Pauline. »Lauter Blüten.«
»Merkwürdig«, sagten elf Monate. »Merkwürdig, daß der Mai tatsächlich etwas zu verschenken hat.«
»Aber es sind bescheidene Geschenke«, bemerkte spöttisch der Juli. »Er hat keine Rosen anzubieten, sondern nur Obstbaumblüten und Gänseblümchen.«

»Stimmt, Herr Juli!« rief Pauline. »Du hast kostbarere Blumen anzubieten als der Mai; aber du kommst, wenn der Gabentisch schon voll ist. Der Mai beschenkt uns, wenn wir arm sind.«
»Undankbares Mädchen!« fuhren März und April Pauline an. »Bringen wir nicht die ersten Knospen, Kätzchen und Schneeglöckchen? Beschenken wir dich nicht viel früher als der Mai?«
»Natürlich«, begütigte Pauline. »Natürlich bringt ihr uns die ersten Farben im Jahr, und wir freuen uns immer wieder darüber; aber ihr seid so sparsam. Der Mai schenkt mehr.«
Endlich nahm der Mai selbst das Wort. Er sagte: »Sommer und Herbst verschwenden aus ihrem Reichtum. Der Winter schenkt Freuden, die bittere Kehrseiten haben. März und April geben mit zögernden Händen. Ich aber scheue die Armut nicht und verschwende mich selber. Deshalb gönnt mir wenigstens die Gunst der Menschen und das Lachen der Kinder.«
»Merkwürdig«, lächelten elf Monate. »Merkwürdig, daß man dem Mai nicht böse sein kann. Woher mag das kommen?«
»Das kommt, weil er selbst ein lachendes Kind ist!« rief Pauline.
Da nickten elf Monate mit den Köpfen, sahen den Mai an, der mit seinen Flittern spielte, und lachten.

7 Lied des Mais

Vorzutragen mit einem Blütenstab

Ich bin der Herr der Blüten.
Mein Reich steht jedem frei.
Nun darf kein Sturm mehr wüten.
Ich bin der Mai.

Ich werde alles wenden:
Das Herz und auch den Rock.
Ich schwing in meinen Händen
Den Blütenstock.

Selbst für die Hagestolze
Laß ich den Flieder blühn.
Ich geb dem dürrsten Holze
Ein bißchen Grün.

Mit Blumen und mit Kindern
Schmück ich das grüne Land,
Und ich kann Schmerzen lindern
Mit einer Hand.

Das Alte mach ich jünger,
Das Enge mach ich frei
Mit meinem kleinen Finger:
Ich bin der Mai.

8 Lied des Pfingstochsen

Aufzusagen mit Ochsenmaske und Blumen im Haar

Pfingstochs heiß ich
Kurz und schlicht.
Manches weiß ich,
Manches nicht.

Auf der Alme
Liegt noch Schnee.
Bald gibt's Halme,
Bald gibt's Klee.

Darum ziehen
Wir zuhauf
Mit den Kühen
Dort hinauf.

Pfingstochs heiß ich
Kurz und schlicht,
Und nun schließ ich
Mein Gedicht.
Muh.

9 Lied des Erntemichels

Mit Sichel und einem Hut
voll Mohn vorzutragen

Ich komme mit der Sichel
Und mit dem Hut voll Mohn.
Ich bin der Erntemichel.
Kennt ihr mich schon?

Ich sorge für die Ernte
Und dafür, daß die Stadt,
Die große, weit entfernte,
Zu essen hat.

Ich hocke auf Traktoren,
Ich führe Pferd und Rind,
Weil Tiere und Motoren
Mir dienstbar sind.

Ich komme mit der Sichel
Und mit dem Hut voll Mohn.
Ich bin der Erntemichel.
Ihr kennt mich schon.

10 Fragen im Oktober

Du siehst die Astern blühen.
Wie lange noch?
Laubwälder siehst du glühen.
Wie lange noch?
Du hörst die Meise singen.
Wie lange noch?
Du fragst bei allen Dingen:
Wie lange noch?
Nun rüste Haus und Schober!
Wie bange doch
Fragt jeder im Oktober:
Wie lange noch?

11 Der Weihnachtsbaum im Niemandsland oder Der rasende Marzipanbäcker

Es war im Ersten Weltkrieg, als sich in den Schützengräben Frankreichs ein deutsches Regiment, hauptsächlich Berliner, und ein französisches Regiment, ausnahmslos dunkelhäutige Algerier, gegenüberlagen. Am 24. Dezember 1917, dem Tag, an dem die Christen in aller Welt den Heiligen Abend feierten, herrschte, ohne daß es besonderer Abmachungen bedurft hätte, Waffenruhe auf beiden Seiten der Front.

Deutsche wie Franzosen zollten dem heiligen Fest ihren Respekt.

Jene Algerier aber, denen das Berliner Regiment gegenüberlag, waren Mohammedaner. Ihnen bedeutete der 24. Dezember nichts. Sie kannten kein Weihnachtsfest. Auch hatte die französische Heeresleitung versäumt, sie darüber zu unterrichten, daß an diesem Tag nach stillschweigendem Übereinkommen die Waffen zu schweigen pflegten. So knallten und ballerten die algerischen Artilleristen wie jeden Tag aus purer Unkenntnis auf die deutschen Linien los.

Das deutsche Regiment, empört über die Mißachtung des ungeschriebenen Gesetzes, ballerte zornig zurück.

Das sorgfältig ausgeübte Umbringen von Menschen mittels Pulver, Feuer, Metall und Mathematik, das man Krieg nennt, nahm auf diese Weise auch am Heiligen Abend seinen blutigen Fortgang.

Nun war in einem der vordersten deutschen Gräben ein Berliner Konditor namens Alfred Kornitzke damit beschäftigt, Marzipan für seine Kompanie herzustellen.

Das Grabenstück, in dem er hingebungsvoll Mandeln kleinhackte, war gegen Einschläge der feindlichen Artillerie ziemlich abgesichert. Aber die Detonationen der in der Umgebung einschlagenden Granaten behinderten den Konditor erheblich in seiner Arbeit. Da er die Mandeln mangels einer Mandelmühle mit einem eigens feingeschliffenen Seitengewehr zerhackte, schnitt er sich bei der plötzlichen Erschütterung durch eine berstende Granate in die linke Hand und mußte mit einem störenden dicken Verband weiterwerkeln. Wenig später ver-

lor er einen Teil des kostbaren, mühevoll beschafften Rosenwassers, als die Karaffe bei einem besonders lauten Knall einen Sprung bekam. Das Rosenwasser mußte in leere Konservendosen umgefüllt werden.

Am schlimmsten aber war, daß der kleine dicke Konditor ständig um die Flamme des Petroleumkochers fürchten mußte, da für die Marzipanherstellung ein gleichmäßig brennendes Feuer von Wichtigkeit ist.

Gerade in dem Augenblick, als Kornitzke den Topf auf die Flamme setzte, um bei gleichmäßiger Wärme die Masse gleichmäßig rührend in edles Marzipan zu verwandeln, riß die Erschütterung einer sehr nahen Detonation ihm den Holzlöffel aus der Hand, die Flamme ging mit einem Schnalzlaut aus, und der Topf wäre unweigerlich umgekippt und ausgelaufen, wenn der Konditor ihn nicht, seinen Verband als Topflappen benutzend, aufgefangen hätte.

»Jetzt reicht's mir aber!« brüllte der in seiner sorgfältigen Arbeit wieder einmal gestörte Konditor. »Diese Knallköppe von Mohammedanern haben nich mal vor 'n orntlich ausjebildeten Berliner Zuckateichkünstla Respekt!«

»Aber Alfred«, belehrte ihn ein Kamerad, »wie solln denn die Mohammedanischen wissen, det wir heute Weihnachten feiern und Marzipan machen? Det kenn'n die doch nich!«

Wieder gefährdete eine Detonation den Topf mit seinem kostbaren Inhalt. Wieder mußte Alfred Kornitzke ihn auffangen, und jetzt geriet er in förmliche Raserei.

»Det kenn'n die nich?« brüllte er. »Hast du 'ne Ahnung, Teuerster! Det Rosenwasser kommt ja von die Orientalen.«

»Aber Weihnachten kenn'n die nich, Alfred, det is det Malöhr!«

Wieder ein fürchterlicher Knall, wieder eine Erschütterung, wieder war das Werk des Zuckerteigkünstlers in Gefahr.

Jetzt war in dem kleinen Dicken kein Halten mehr. »Det reicht mir, Jeschäftsfreunde!« tobte er in Richtung auf die gegnerischen Linien. »Weihnachten is Weihnachten, und Marzipan is Marzipan. Ick laß mir det nich von euch vermiesen. Da schieb ick jetzt 'n Riegel oder vielmehr 'n Tannboom vor!«

Ehe seine Kameraden ihn begriffen, hatte der rasende Konditor, der selbst hier an der Front eine Bäckermütze trug, einen kleinen kerzenbesteckten Tannenbaum gepackt und war mit ihm über den Grabenrand aufs freie Feld gehechtet, das die feindliche Linie in der sternklaren Nacht vollständig einsehen und mit Feuersalven bestreichen konnte.

Die hinter schmalen Schießscharten postierten deutschen Beobachter glaubten, ihren Augen nicht trauen zu können, als sie plötzlich einen deutschen Soldaten, der eine Bäckermütze trug, mit einem Tannenbaum auf die feindlichen Schützengräben zulaufen sahen.

Feldtelefone und Morsegeräte begannen zu läuten oder zu ticken, eine unglaubliche Meldung sprang von Kommandostelle zu Kommandostelle durch das vielverzweigte Grabensystem, und unter den Soldaten, die nur Bruchstücke der Meldung aufschnappten, entstanden die wildesten Gerüchte. Das einzig Greifbare im Durcheinander der Erkundigungen, Gerüchte und hin- und herflitzenden

Nachrichten war der Befehl des Regimentskommandeurs, das Feuer sofort einzustellen.

Nun verwirren im Kriege ungewöhnliche Vorkommnisse Freund wie Feind gleichermaßen. Für die algerischen Schützen und Artilleristen war ein Soldat mit einer Bäckermütze und einem Baum mit Kerzen in der Hand eine Sache, über die keine Dienstvorschrift Anweisungen gab. Das Ding war zu verrückt, um darauf zu schießen, und viel zu ulkig, um es bedrohlich zu finden. Man schoß ganz einfach nicht auf Alfred Kornitzke. Man sah ihm ratlos zu, bis nach einer Weile auch in den französischen Linien Telefone zu läuten und Morseapparate zu ticken begannen. Dabei erfuhren die Algerier plötzlich auch von der allgemeinen Waffenruhe während der Weihnachtsfeiertage und stellten ebenfalls das Feuer ein.

Alfred Kornitzke war inzwischen ein ganzes Stück vorwärtsmarschiert. Nun blieb er stehen, schätzte die Entfernung zwischen den Fronten ab, fand, daß er etwa in der Mitte zwischen den feindlichen Linien sei, ebnete den Boden mit einer Schuhspitze, stellte das Tannenbäumchen sorgfältig hin, holte in aller Seelenruhe die Streichhölzer, die für den Petroleumkocher bestimmt waren, aus seiner Uniformtasche und steckte, da es eine windstille, frostklare Nacht war, Kerze um Kerze an.

Gerade in dem Augenblick, in dem das ganze Bäumchen festlich strahlte, stellte die feindliche Artillerie ihr Feuer ein. Es war plötzlich unheimlich still, und in diese Stille hörte man auf beiden Seiten Alfred Kornitzke brüllen: »Na also, ihr Dösköppe, jetzt wißt ihr, wat los is! Fröhliche Weihnachten!«

Dann marschierte er wieder zu den deutschen Linien und turnte zurück in den Graben, wo man ihn lachend und händeschüttelnd empfing.

»Als der Alte zuerst von deinem Alleingang gehört hat, wollte er dich einbunkern«, hörte er sagen. »Jetzt überlegt er, ob er dich für einen Orden vorschlagen soll.«

»Er soll mich mein Marzipan machen lassen«, sagte der Konditor, eilte an seinen Topf, zündete wieder den Petroleumkocher an, begann gleichmäßig rührend mit der Marzipanherstellung und erklärte seinen andächtigen Zuschauern, er würde, wenn er wieder ins Zivilleben zurückkehre, Heidenapostel werden. »Ick weeß nun, wie man det macht!« fügte er hinzu.

Das Bäumchen zwischen den Linien strahlte noch lange und gab den Militärseelsorgern willkommenen Stoff für die Weihnachtspredigt am nächsten Tag.
Auf diese Weise kam die Geschichte vom Weihnachtsbaum im Niemandsland in viele erbauliche Kalender, und der rasende Marzipanbäcker Alfred Kornitzke wurde zu einem frommen Helden, der er in Wahrheit nie gewesen ist.

12 Frieda, die letzte

Will das müde Jahr sich neigen
Und der Winter kommt ins Land,
Fallen Blätter von den Zweigen
Und die Fliegen von der Wand.

Aber unter einer Stiege,
Wo es warm ist, gibt es meist
Eine allerletzte Fliege,
Die gewöhnlich Frieda heißt.

Plötzlich hört man in der Diele
Fein und ferne ihr Gesumm.
Und mit freundlichem Gefühle
Dreht sich jeder nach ihr um.

Was im Sommer alle Leute
Rasend machte, nämlich dies
Fliegensummen: Es klingt heute
Wie ein Ton vom Paradies.

Vater, Tochter, Sohn und Mutter
Halten bei der Frieda still.
Im Gelee und in der Butter
Darf sie schleckern, wie sie will.

Selbst beim Weihnachtsfest – man denke –
Liegen wie ein süßer Traum
Klitzekleine Festgeschenke
Für die Frieda unterm Baum.

Nuß- und Schokoladenschnitzel,
Krumen mit Rosinen drin,
Hier ein Bitzel, da ein Bitzel
Legt man für die Frieda hin.

Daß die Frieda sich tatsächlich
Bei den Gaben niederläßt,
Wenn auch flink und oberflächlich,
Ist der Höhepunkt vom Fest.

Die Familie ruft: »Wie reizend«,
Als die Frieda Rotwein säuft
Und – die Fliegenflügel spreizend –
Über die Rosinen läuft.

Diese Frieda, liebe Kinder,
Diese Fliege hat es fein.
Darum möcht auch ich im Winter
Mal die letzte Fliege sein!

13 Trinklied zum Jahresende

Die Erde, ein besondrer Ball,
Bewegt sich wie im Tanze
Und ewig kreiselnd durch das All
Mit Mensch und Tier und Pflanze.

Sie braucht, so lernen wir's, ein Jahr,
Die Sonne zu umkreisen.
So sind wir Menschen immerdar,
Sogar im Schlaf, auf Reisen.

Schwestern und Brüder, labt euch heut
An Wein und guten Gaben,
Da wir den Sonnenball erneut
Einmal umkreiselt haben.

Es freue sich, was lebt und liebt,
Solang die Winde wehen,
Solang es Mond und Sonne gibt,
Solang sich Sterne drehen.

Wir reisen weiter durch das All,
Solang die Welt sich dreht,
Solang der goldne Sonnenball
Noch fest am Himmel steht.

Zweiter Flug

Von Süd nach Nord, von Ost nach West
oder
Wenn Engel reisen

Reisegeschichten und Reisegedichte

14 Wir reisen

Wir reisen nach Süden.
Rom, Capri, Neapel.
Musik an der Mole und Dampfersirenen.
Wir reisen nach Süden.
Das Meer. Madagaskar.
Wir reisen nach Süden.
Jerusalem.

Wir dampfen nach Norden.
Stockholm, Kopenhagen.
Die Eisberge. Fjorde.
Ein Seehund. Die Möwen.
Wir dampfen nach Norden.
Die Felsen von Island.
Wir dampfen nach Norden.
Rejkjavik.

Wir fliegen nach Westen.
New York. San Francisco.
Land, Meer und die Wolken.
Prärien und Canyons.
Wir fliegen nach Westen.
Hawaii, Honolulu.
Wir fliegen nach Westen.
Mexiko Bay.

Wir fahren nach Osten.
Prag, Moskau und Peking.
In Ungarn die Pußta.
Die Seen in Polen.
Wir fahren nach Osten.
Benares. Kalkutta.
Wir fahren nach Osten.
Tokio.

15 **München . . . Frankfurt . . . Stuttgart . . . Mainz**

Mancher kluge Wandersmann
Schaffte sich ein Fernrohr an.
Aber mancher braucht auch keins,
Kennt er nur sein Ziel:
München,
Frankfurt,
Stuttgart,
Mainz,
Bremen,
Hamburg,
Kiel.

Mancher fährt genau nach Plan
Südwärts mit der Eisenbahn.
Einer will ein Türmchen sehn,
Einer einen Dom:
Salzburg,
Gmunden,
Innsbruck,
Wien,
Bozen,
Mailand,
Rom.

Wenn die Russen reisen, dann
Fangen sie in Moskau an.
Und sie schreiben jeden Tag
Heim, was sie gesehn:
Moskau,
Kiew,
Warschau,
Prag,
Belgrad,
Nisch,
Athen.

Manche fahren auch per Rad
Hier zu Haus von Stadt zu Stadt.
Hast du keins, dann kauf dir eins!
Dann bestimm dein Ziel:
München,
Frankfurt,
Stuttgart,
Mainz,
Bremen,
Hamburg,
Kiel.

16 Was braucht man zum Reisen?

Was braucht man zum Reisen?
Geld, Glück und Verstand,
Die Seife, das Handtuch, den Kamm,
Zwei Hemden, zwei Hosen,
Ein Regengewand
Und Bürste und Schuhkrem und Schwamm.

Im Mai braucht man Schirme
Und Wolle im März,
Ein Badekostüm im August.
Doch braucht man vor allem
Ein heiteres Herz
Und Liebe und Laune und Lust.

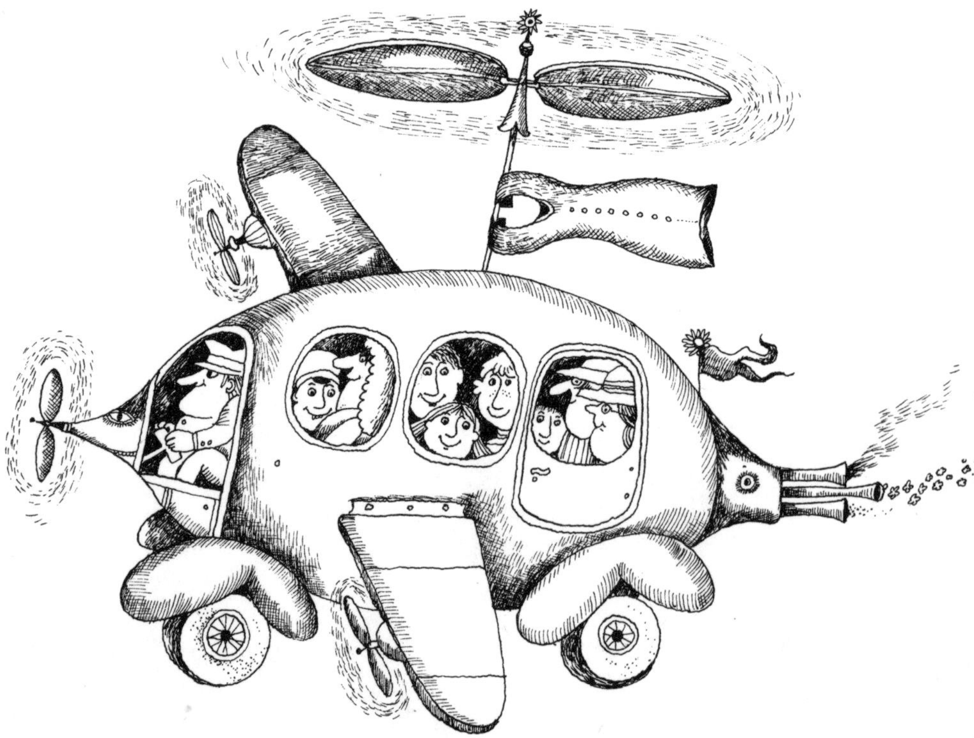

17 Wenn Engel reisen

Wenn Engel reisen, sagt mein lieber Vetter,
Dann hat das einen ganz bestimmten Sinn.
Dann ändert sich das Wetter,
Sagt mein Vetter,
Und meistens nach der guten Seite hin.

Wenn Teufel reisen, sagt mir meine Base,
Tun sie das auch nicht ohne einen Zweck.
Dann stecken sie die Nase,
Sagt die Base,
Von Moskau bis New York in jeden Dreck.

Wenn Feen reisen, sagt mein Onkel Walter,
Dann hat das gleichfalls irgendeinen Grund.
Wie kleine Falter,
Sagt mein Onkel Walter,
Betupfen sie den Grund, und der wird bunt.

Wenn Nixen reisen, sagt mir meine Tante,
Dann tun auch sie das nicht von ungefähr.
Dann regnet's auf dem Lande,
Sagt die Tante,
Und in den Städten regnet's noch viel mehr.

Wenn ich verreise, sage ich mir selber,
Dann ist das auch nicht ohne Sinn für mich.
Dann wird die Sonne gelber,
Sag ich selber,
Der Himmel blauer und vergnügter ich.

18 Hanselmann reist um die Welt

Ich fuhr mal in die Welt hinein
Und ganz allein
Nach Nord und Süd und kreuz und quer;
Jedoch das ist schon lange her,
Zehn Jahre ungefähr.

Ich hatte damals einen Bart,
Nach Seemannsart.
Ich hielt das Steuer in der Hand,
Fuhr stolz vorbei an Helgoland.
Und so begann die Fahrt.

O Hansel, Hansel, ist das schön!
Erzähl uns doch, was du gesehn.

Erst war ich bei den Eskimos.
Da war was los.
Das ganze Land ist kalt und weiß;
Und Berge sah ich, nur aus Eis,
Die waren riesengroß.

Ich hab dort einen Wal dressiert,
Ganz ungeniert.
Er schwamm gehorsam an das Land
Und fraß mir Zucker aus der Hand.
Das ist bestimmt passiert.

O Hansel, Hansel, ist das schön!
Sag, hast du nicht noch mehr gesehn?

Ich fuhr dann nach Amerika.
Fein war es da.
Die Indianer riefen: »Hau!«
Und eine alte Negerfrau
Rief: »Hanselmann ist da!«

Das ganze Volk kam schnell herbei
Mit viel Geschrei.
Man gab mir den Zylinderhut
Von Onkel Sam. Der stand mir gut.
Dann sagte ich: »Good bye!«

O Hansel, Hansel, ist das schön!
Sag, hast du nicht noch mehr gesehn?

Ich war auch schon in Afrika.
Heiß war es da,
Heiß wie beim Bäcker, wenn er backt.
Ich reiste dort fast splitternackt.
Dort unten darf man's ja.

Oft aß ich auch mit Hochgenuß
Die Kokosnuß.
Man pflückt die Nüsse, nicht zu knapp,
Von einer hohen Palme ab,
Die man erklettern muß.

O Hansel, Hansel, ist das schön!
Sag, hast du nicht noch mehr gesehn?

James
James
N
W
O
S
James

Als ich dann durch die Wüste ging –
Das war ein Ding!
Da kam ein Löwe auf mich zu.
Ich aber sagte voller Ruh:
»Ich bin ein Schmetterling.«

Der Löwe blieb verwundert stehn
Und ließ mich gehn.
Er brummte: »Geh mir aus dem Licht;
Denn Schmetterlinge freß ich nicht.«
Da rief ich: »Danke schön!«

O Hansel, Hansel, ist das schön!
Sag, hast du nicht noch mehr gesehn?

Auch Asien am gelben Meer
Gefiel mir sehr.
Dort sah ich Kaiser Wang-tsching-wo
In einem seidnen Kimono.
Das war ein würdiger Herr.

Sein Töchterchen, Prinzessin Wank,
War schrecklich krank.
Ich heilte sie mit Zuckerrohr.
Drum wurde ich der Hofdoktor
Und blieb's zwei Jahre lang.

O Hansel, Hansel, ist das schön!
Sag, hast du nicht noch mehr gesehn?

Australien ist auch sehr fein,
Doch ziemlich klein.
Ich holte dort mit meinem Schiff
Korallen vom Korallenriff;
Das war ein roter Stein.

Ein Känguruh traf ich dort auch
Bei einem Strauch.
Es konnte springen wie der Wind,
Und dabei trug's das eigne Kind
Im Beutel vor dem Bauch.

O Hansel, Hansel, ist das schön!
Sag, hast du nicht noch mehr gesehn?

Nach dieser Fahrt hatt ich genug.
Drum sprach ich klug:
»Kurs auf Europa, Steuermann!
Wir legen erst in Hamburg an.
Ich stell mich an den Bug.«

Das Meer war still und klar der Blick.
Wir hatten Glück.
Europa flaggte schon für mich,
Und man empfing uns feierlich.
So kehrte ich zurück.

O Hansel, Hansel, ist das schön!
Wir möchten auch auf Reisen gehn.

19 Tom, der Trommler
Die Geschichte einer Lebensreise

Erster Teil: Wie Tom ein Trommler werden sollte

In alter Zeit, als noch die Landsknechte gegen Entlohnung Kriege führten, bald diesem Herrn, bald jenem dienend, geschah es manchmal, daß ein Trupp den Anschluß und den Überblick verlor und nicht mehr wußte, wo der Lohn zu holen sei. Dann wurde aus Soldaten eine Soldateska, die sich an jenen armen Leuten schadlos hiet, die selber nichts zu brechen und zu beißen hatten. Dann wurden friedliche Leute, Hufschmiede, Köhler, Schreiner oder Bauern, von den Soldaten ebenso geplagt wie von Mißernten, Feuersbrünsten oder Aussatz.

Zu jener Zeit stand irgendwo allein in einem Walde eine Köhlerhütte, und es war Krieg im Land, ein Krieg, der dreißig Jahre dauern sollte.

Nun kam an einem milden Tag im September zu dieser Hütte ein verlorener Landsknechtshaufen, der nur noch Krieg auf eigene Rechnung führte und sich aus Dörfern oder Flecken holte, was nach so vielen Jahren Krieg dort noch zu holen war.

In der Hütte im Wald aber fanden die Landsknechte nichts mehr. Sie war schon ausgeplündert. Auch fehlte von den Bewohnern jede Spur. Erst als Martin, das Roß, einer der Landsknechte, im Garten frisch aufgeworfene Gräber fand, ließ sich vermuten, was mit dem Köhlerehepaar geschehen sei.

Thomas, der Anführer des Trupps, zugleich ein Trommler, den man deshalb den Trommelthomas nannte, rief seinen Leuten zu: »Hier ist nichts mehr zu holen. Marschieren wir weiter. Es waren schon andere da.«

Gerade als der Trupp abziehen wollte, kam aus dem Hause, dessen Tür schief in den Angeln hing, das Quäken eines Säuglings. Da ging man den Jammertönen nach und fand in einem Raum zur Rechten, versteckt in einem Haufen wirrer Lumpen, einen vielleicht einjährigen Buben mit schwarzen Augen und prächtigen schwarzen Locken, der, als

die bärtigen Gesichter sich über ihn beugten, in ein mordsmäßiges Gebrüll ausbrach.
Die Landsknechte, zuerst verlegen, lachten jetzt. »Der scheint eine Puste wie ein Trompeter zu haben!« rief der Trübe Johann.
Nur Trommelthomas lachte nicht. Er sah mit seinen Augen, die so schwarz wie Kohlen waren, auf das Bürschchen nieder und sagte, mehr für sich selbst als für die anderen: »So einen Sohn hab ich auch einmal gehabt; er sollte Trommler werden.« Dann schlug er, als ob er die Erinnerung wachtrommeln wolle, einen leisen Wirbel: dr ... dr ... dr ... räm ... dr ... dr ... dr ... räm.
Bei den ersten Trommeltönen schon hörte das Kind zu schreien auf. Die Landsknechte blickten erstaunt abwechselnd den Kleinen in den Lumpen und ihren Anführer an.
Thomas, der Trommler, lächelte und sagte: »Der Junge hat eine Trommelnatur. Ich habe das gleich bemerkt. Er krümmt die Händchen so, als ob sie Trommelschlegel hielten. Ich werde ihn zu einem guten Trommler machen.«
»He?« fragten seine Leute und rissen die Köpfe herum. »Wie kannst du denn von so einer Kröte behaupten, das werde ein Trommler? Und willst du etwa Krieg mit einem Balg als Ballast führen? Willst du, ein Landsknecht, einen Säugling füttern und die Windeln für ihn wickeln?«
»Ja«, sagte Thomas heiter. »Das will ich. Er soll Tom heißen und ein Trommler werden wie ich.«
»Wahnwitz, Thomas!« rief Pulverjörg, der zweite Mann im Haufen. »Man kann

mit einem Säugling im Gepäck nicht Schlachten schlagen und schon gar nicht plündern. Was wäre denn das für ein Beispiel für ein Kind? Ich sage dir, das ist ein Klotz am Bein, ein fünftes Rad am Wagen, ein Luxusstück, eine Verrücktheit von der Art, die alte Jungfern sich erlauben können, aber niemals ein Soldat.«
Thomas ließ sich durch solche Reden nicht beirren. Er nahm den Kleinen aus dem Lumpenhaufen auf, und da entdeckte man, daß er auf einem Bündel sauberer Wäsche gelegen hatte, dem auch ein Zettel beigeheftet war. Es stand nichts anderes darauf als: »Gott vergelt's!« Doch als man das Bündel aufhob, fielen Goldstücke heraus, und die redeten für die Landsknechte eine erfreuliche Sprache.

»Da habt ihr's«, sagte Trommelthomas lachend. »Kaum habe ich einmal im Leben eine gute Tat geplant, da folgt ihr auch der Lohn schon auf dem Fuß. Nehmt nun die Sachen, zählt das Gold und bindet mir das Bürschchen auf den Rücken.«
Die Landsknechte zögerten – allen goldenen Talern zum Trotz.
Da zeigte Trommelthomas jedem einzelnen das Kind, das sabbernd lachte und mit seinen Händchen in die Bärte griff, und fragte: »Wollt ihr, daß dieses Kind von Fuchs und Iltis angeknabbert wird? Oder hat einer von euch das Herz, es umzubringen?«
Da schüttelten seine Leute nacheinander die Köpfe, zuerst der Knasterkonrad und der Narbenpiet, der Bullerbernhard und der Hinkeheinrich, dann Pulverjörg und Prügelpaul und Gallengustav und schließlich auch der Zinkenpeter, der Trübe Johann und Martin, das Roß.
Also band man dem Trommelthomas den Buben mit einer Decke auf den Rücken, steckte dem Kleinen als Schnuller ein Stück Speckschwarte in den Mund, verstaute die Wäsche und das Gold in Ranzen und Schnappsack und marschierte weiter.

20 Zweiter Teil: Wie Tom ein Trommelbube wurde

So kam es, daß mitten in einer wüsten Zeit, als der Krieg in seinen besten Jahren war, ein Trupp verlorener Landsknechte einen kleinen Jungen aufzog. Sie wuschen und sie wickelten ihm die Windeln, sie molken fremde Kühe für ihn aus, sie alberten mit ihm wie kleine Jungen, sie stritten sich abends am Feuer darum, wer ihn wiegen dürfe, und sie sangen ihm Lieder vor, die sie seit langem nicht mehr gesungen hatten. Selbst Gallengustav, den man niemals lachen sah, brummte, wenn er den Kleinen in den Armen hielt: »Schlof, Buebele, schlof!«
Der beste Freund des Buben aber wurde die Trommel, die Thomas ihn schon früh zu schlagen lehrte. Als Tom fünf Jahre alt war, trommelte er schon alle Signale. Er konnte Angriff oder Rückzug trommeln, Ankunft von Feinden oder Abzug melden oder die Weisung: Brecht das Lager ab!
Mit sieben Jahren trommelte Tom schon besser als sein Pflegevater Thomas. Vor allem aber konnte er die Trommel stimmen, indem er an den Doppelstricken, die sich – gleich umgekehrten Ypsilons – neunfach über die hölzerne Trommelwandung spannten, die gelappten Lederschlaufen auf und ab schob. So konnte er die Trommel heller tönen oder dumpfer dröhnen lassen, und er erfand ganz neue Trommelsignale, die nur sein Trupp verstand und die den Feind verwirrten.
Mit vierzehn Jahren hatte Tom schon zu mehr Schlachten aufgerufen als so mancher General mit siebzig; denn bald hatte

der Haufen wieder einen zahlenden Herrn gefunden, für den er so wie ehemals in die großen Schlachten zog.
Tom selbst zog niemals mit, wenn es zum Angriff ging. Sein Pflegevater lehrte ihn das Waffenhandwerk nicht. Statt dessen brachte er ihm bei, wie man, wenn zufällig der Flintstein ausgegangen war, nur mit zwei Hölzern Feuer machen kann. Auch lehrte er ihn, wie man, den Wind beachtend, ein Lager herrichtet und wie man einen Hasen abzieht, ausnimmt, würzt und brät. Außerdem lernte Tom von den Marketenderinnen, die ihn hätschelten, die Kunst des Nähens, Stopfens und des Wäscheflickens.
Der Trommelthomas und sein Landsknechtshaufen hatten so überall und immer eine Heimstatt. Stets waren Mahl und Lager vorbereitet, wenn sie zurückkehrten aus einer Schlacht.
Wegen des Jungen sprach man im Lager auch anders als draußen im Feld. Nur einige Wochen lang, als sie im großen Lager Wallensteins kampierten und alle Abende unmäßig soffen, kam auch an ihrem Feuer der Landsknechtston auf. Doch gaben sie das später wieder auf. Fiel jemand dennoch in den alten Ton zurück, flüsterte Trommelthomas ihm ins Ohr: »Ich schlag dir deine Fresse blau und blutig, wenn du noch einmal sagst, die Erbsensuppe schmeckt nach Furz und Donner!«
So wurde Tom allmählich fünfzehn Jahre alt. Er hatte nun schon eine eigene Trommel, die er in einem alten Wachthaus aufgestöbert hatte, und er und Trommelthomas gaben einander zwischen Feld und Lager Nachricht durch Trommelsignale.
An einem Tag im sonnigen August nun – Tom war gerade dabei, ein Feldkaninchen abzuziehen – dröhnte von fern die Trommel des Thomas herüber, die Tom von jeder anderen Trommel unterscheiden konnte. Sie dröhnte ein Signal, auf das der Zinkenpeter die Worte gedichtet hatte:

»'s ist aus, 's ist aus, ihr Christenleut.
Vor Gottes Thron tritt er noch heut.«

Es war das Trauersignal für einen Toten. Da nun der Ton der Trommel immer schwächer wurde und nur zum Schluß noch einmal anschwoll, doch im verwirrten Takt der Schlegel, erkannte Tom, daß Thomas für sich selbst das Kalbfell rührte, um seinem Ziehsohn im entfernten Lager anzuzeigen, daß es mit ihm zu Ende sei.
Da rannte Tom, stolpernd in seinen Stulpenstiefeln über Wurzel und Stein,

in die Richtung, aus der er das Signal vernommen hatte.
So kam er auf das Schlachtfeld, das – am Ufer eines Flusses – von allen Lebendigen längst verlassen worden war. Nur Tote lagen noch im feuchten Gras, und zwischen ihnen huschte ein dürres altes Männlein herum, das ihnen die Taschen ausleerte.
»Wahrscheinlich verfolgen die Unsrigen den fliehenden Feind«, überlegte sich Tom. »Aber Thomas ist nicht mehr dabei. Wo mag er liegen?« Er rief den alten Mann an, der zusammenzuckte und sich duckte, weil er den Tom nicht hatte kommen sehen.
»Was willst?« fragte der Alte mißtrauisch.
»Hast du einen Trommler liegen sehen?« fragte Tom. »Der Sarg der Trommel...« (so nannte man damals die Wandung)

»... der Sarg der Trommel ist mit Fortuna und vielen Rosen bemalt.«
Der Alte, dessen Mißtrauen nach der Frage schwand, antwortete in der Sprache jener Zeit und Gegend: »Einen Sarg, Söhnchen, han i nit gsehn, wiewohl die Särg hie nottäten bei all denen Toten. Aber die Trumme han i gsehn: Dort nüben liegt's!«
Der Alte zeigte auf eine Stelle am Ufer des Flusses, wo lockeres Buschwerk wuchs, Weiden und Pappelgesträuch.
Tom sagte: »Gott vergelt's!« Und lief zum Ufer hinunter. Dort fand er unweit einer alten Weide seinen ganzen Haufen für die Ewigkeit versammelt. In seltsamen Stellungen lagen die Landsknechte da, mit durchbohrten Leibern oder zerschmetterten Köpfen. Sie lagen um die Trommel verteilt, die noch an dem Gehenk des Thomas hing und unversehrt war. Sie hatten den Sieg der Ihrigen mit dem Leben bezahlt.
Tom weinte nicht; denn Thomas hatte ihm eingeschärft: »Wenn es ans Sterben geht, begrab uns christlich, nimm meine Trumme, schlag noch einen Wirbel und tu dein Sach und weine nicht.«
Also nahm Tom dem toten Thomas die Trommel ab samt dem Gehenk und trommelte:

»'s ist aus, 's ist aus, ihr Christenleut!«

Dann hob er nacheinander jeden seiner Leute auf, trug ihn – einsinkend unter der Last in den weichen Wiesenboden – bis an den Fluß, ließ ihn ins Wasser fallen, warf eine Handvoll Erde nach und sprach für jeden ein Gebet auf dessen eigene Weise.
Dem Knasterkonrad schickte er die Worte nach: »Potz Tabakskraut und Türken-

knaster, nun laß Sankt Peter deine Pfeif anzünden, und möge der Gott der Schlachten deiner Seele gnädig sein!«
Dem Gallengustav gab er auf den Weg: »Mög deine Leichenbittermiene, alter Gustav, die Englein in den weißen Hemdchen nicht erschrecken, und möge dein Sack voll Sünden in der Hölle abgeladen werden, aber ohne dich!«
Dem Trommelthomas aber, den er als letzten in die Wellen legte, schickte der Junge einen Trommelwirbel nach, der weithin tönte und alle Vögel im Buschwerk verstummen und aufhorchen ließ. Nach diesem Trommelgruß, der auch den plündernden alten Mann vom Blachfeld vertrieb, kehrte Tom nicht in das vorbereitete Lager zurück. Er wanderte vielmehr, die Trommel des Thomas umgehängt, flußaufwärts am Ufer entlang in den sinkenden Tag.

21 Dritter Teil: Wie Tom ein Trommelmacher war

Daß Tom statt des Kriegshandwerks die friedlichen Künste des Lagers erlernt hatte, war nun sein Glück; denn so mied er den Lärm der Schlachten und wußte sich überdies in jeder Lage zu helfen. Er konnte ja sogar auf mühsame Art mit zwei Hölzern Feuer machen, wenn nur genügend trockenes Holz vorhanden war.
Und eines Tages – Tom war sechzehn Jahre alt inzwischen – hörte er überall, wohin er kam, die Glocken läuten. Sie läuteten festlich und ganz anders als sonst. Ein Bauer, den Tom Land umpflügen sah, erklärte ihm, daß Frieden sei, und zeigte lächelnd auf die bemalte Wandung der Trommel: »Die Göttin des Glücks und des Friedens, mein Junge, diese Fortuna, die da auf deiner Trommel ihr Füllhorn ausschüttet, wird nun statt des gepanzerten Mars die Welt regieren. Nun braucht es keine Trommler mehr. Such dir ein Nest.«
Doch Tom, das Kind des Kriegs und der Soldaten, hatte nur das wandernde Nest des Lagers kennengelernt. Er wußte noch nicht, was Frieden war, und zog wie vorher einfach immer weiter. Erwachte er nach einer kalten Nacht, begrüßte er die Sonne mit einem Wirbel auf dem Kalbfell. Zog er durch Dörfer, schlug er einen Marsch, und alle Kinder folgten ihm vergnügt. Gab ihm ein Bauer eine Mahlzeit, wirbelte er ihm in der hallenden Tenne ein Danke. So wurde ihm die Trommel Vater, Mutter und Zuhaus.
Doch lernte er langsam auch, was das ist: der Frieden. Man durfte nicht mehr ein-

fach Rüben aus den Äckern ziehen oder die reifen Zwetschgen von den Bäumen schütteln. Auch durfte man nicht einfach jeden Hasen fangen. Es gab nun Jagd- und Fisch- und Ackerrechte. Und es gab Grenzen, an denen Zoll gefordert wurde. Und viele Herren gab es, Freiherren, Grafen, Barone und Fürsten, mehr Herren, als das arme Land vertragen konnte.

Das war zuerst verwirrend für das Landsknechtsmündel Tom. Aber ein Fahrender erkennt die Netze besser als ein Bürger. Er findet auch leichter die Maschen, durch die man schlüpfen kann. Tom setzte in dem Spiel, das Frieden hieß, mit Glück auf seine Jugend und auf seine Trommel.

Dann aber kam ein bitterer kalter Winter. Tom mußte tun, was man ihm mehrfach angetragen hatte, was er jedoch bislang umgangen hatte: Er mußte mit der Trommel Geld verdienen.

Da war es mit dem Wanderleben aus. Tom wurde Hoftrommler im Solde eines kleinen Grafen, der der Frau Musika ergeben war. Nun mußte er zuerst zur Wachablösung vor dem Schlosse trommeln, nicht mehr in Stulpenstiefeln wie im Feld, sondern in schwarzen Schuhen und weißen seidenen Strümpfen. Doch dann, als er in einer Mondnacht kunstvoll einen leisen Wirbel schlug, entdeckte ihn ein Musikus des Grafen. Der berichtete Seiner Erlaucht, daß der so lang gesuchte Trommler nun gefunden sei. Im Wachthaus unten habe er ihn entdeckt.

So kam es, daß Tom mit den Herren Hofmusikanten musizieren mußte, im Takt des Stabes, den der Maestro auf den Boden aufschlug.

Tom, mit der Trommel aufgewachsen, lernte rasch, sich in das Hoforchester einzufügen. Und der Maestro, ein Venezianer, erkannte nicht weniger rasch das Trommeltalent des Tom. Er setzte nun zuweilen in die Notenblätter nur das Wörtchen »tamburo«. Dann durfte Tom – im Stil des Stückes, das man spielte – ein wenig auf dem Kalbfell phantasieren, und Beifall für den Trommler prasselte mitten hinein in das Stück.

Nur die Trommel des Thomas, das Souvenir der Schlachten und des Lagers, mißfiel dem Hof in ihrer Abgerissenheit. So mußte eine neue Trommel her.

Da lernte Tom auch, wie man Trommeln herstellt; denn in der ganzen Grafschaft gab es keinen Trommelmacher.

Sorgfältig Form und Stoff der alten Trommel prüfend, bedachte Tom, wie eine neue herzustellen sei, und ging zu diesem Zweck zu etlichen Handwerksleuten.

Zuerst ging er zum Gerber. Der mußte ihm ein Kalbfell weichen, walken, schaben und dann walzen, bis es, auf die alte Trommel gespannt, so tönte, wie Tom es verlangte. Danach bedachte Tom mit einem Faßmacher, dem Böttcher, wie man den Sarg der Trommel, ihre Wandung, aus den Dauben füge, damit der Leib der Trommel, ihre Löwenbrust, den Schlag der Schlegel auch volltönend widerhallen lasse. Schließlich ging Tom zum Seilmacher wegen der ypsilonförmig zu spannenden Stricke und danach zum Schuster wegen der ledernen Schlaufen. Nun fehlte der Trommel nur noch die Bemalung, und Tom fand einen Tafelschilderer, der eine neue Fortuna samt Füllhorn und Rosen auf die Wandung malte, in starken Farben und lacküberzogen.

Als alle Arbeit zur Zufriedenheit getan war, hatte Tom eine Trommel, die besser war als irgendeine. Da ging er hinaus in den Wald, setzte sich, unweit einer verfallenen Köhlerhütte, auf einen Stein und trommelte Wirbel, Signale und Märsche bis an den Abend, erschreckend die Tiere des Waldes und weckend den Zorn der gräflichen Jäger, die aber nichts zu unternehmen wagten; denn Tom war beim Grafen lieb Kind.

Mit seiner neuen Trommel wurde Tom berühmt über die Grenzen der Grafschaft hinaus. Man schrieb Musikstücke mit Trommeleinlagen eigens für ihn, und als man den Kaiser, den fernen Oberherrn des Grafen, krönte, war Tom dabei und schlug die neue Trommel.

Das Tollste aber war, daß Tom sich nicht mehr nur als Trommler, sondern gleichfalls als Trommelmacher einen Namen machte; denn von überallher kamen nun Bitten um eine Trommel, wie Tom sie besaß.

Da lehrte Tom die Gerber, Böttcher, Seilmacher und Schuster, Trommeln herzustellen, nahm auch den Tafelschilderer in seinen Dienst, um allerlei Figuren auf die Wandungen zu pinseln, und verkaufte die bunten und volltönenden Trommeln mit Glück.

Die kleine Residenz des musikliebenden Grafen wurde bald die berühmte Stadt der Trommelmacher. Tom aber kaufte sich ein Haus, nahm sich ein Weib, bekam zwei Buben und zwei Mädchen, lernte nun wirklich, was der Frieden ist, und saß mit einemmal in einem Nest.

Nur eines wußte Tom, der Trommler, nicht: daß nämlich jene verfallene Köhlerhütte im Walde, nahe der Stadt, einmal sein Elternhaus gewesen war.

Tom wußte nicht, was der Erzähler weiß: daß Trommelthomas ihn in jener Kate aus den Lumpen aufgelesen hatte und daß sein Leben rund geworden war wie eine Trommel: Dorthin, von wo er hergekommen war, hatte sich Tom in einem großen Kreis zurückgetrommelt.

22 Henriette Bimmelbahn

Henriette heißt die nette
Alte kleine Bimmelbahn.
Henriette, Henriette
Fuhr noch nie nach einem Plan.

Henriette steht so lange
Auf dem Bahnhof, wie sie mag.
Und so steht sie dort auch heute
An dem schönen Sommertag.

Henriette, Henriette
Wartet, bis das letzte Kind,
Bis die Großen und die Kleinen
In den Zugabteilen sind.

Doch dann pfeift sie, und sie bimmelt,
Rattert, knattert, dampft und faucht,
Ruckelt, zuckelt, klappert, plappert,
Bebt und bibbert, rollt und raucht,

Bummelt munter durch die Wiesen,
Bremst und pfeift bei jeder Kuh,
Bimmelt leise ihre Weise,
Und die Kuh erwidert: »Muh!«

Gleich danach hört man ein Rufen
Aus dem Brommelbeerenschlag.
Vierzehn Hasen rufen heiter:
»Henriette, guten Tag!«

Wenn die Blumenwiesen kommen
An der Straße hinterm Wald,
Macht die alte Henriette,
Macht das Bimmelbähnchen halt.

Denn dort steigen alle Kinder
Aus den Zugabteilen aus,
Pflücken Klee für die Kaninchen
Und für Oma einen Strauß.

Bimmelimm, dann geht die Glocke,
Und ein jedes kommt gerannt,
Und die alte Henriette
Zuckelt weiter über Land.

Henriette, Henriette
Rattert fort mit klipp und klapp,
Und sie liefert in den Dörfern
Jedes Kind getreulich ab.

Alle Omas, alle Opas
Rufen fröhlich: »Gott sei Dank!«
Nehmen Kinder, Körbe, Koffer
Und die Blumen in Empfang.

Doch die alte Henriette
Ruckelt müde, zuckelt matt,
Bimmelt leise ihre Weise
Und rollt heimwärts in die Stadt.

23 Beim Abschied aufzusagen

Spruch für einen, der mit dem Flugzeug verreist

Du fliegst durch Blau und Sonnenschimmer.
Der Blick wird weit. Die Luft wird rein.
Glück für den Flug! Dein Herz soll immer
Weit wie der Blick von oben sein.

Spruch für einen, der zu Schiff verreist

Denk manchmal, wenn dich Wellen wiegen,
Ans feste Land und uns zurück.
Laß dich vom Sturm nicht unterkriegen.
Ich wünsch dir für die Seefahrt Glück!

Spruch für einen, der mit der Bahn verreist

Ich wünsch dir keine Langeweile.
Dein Platz sei weich und sei bequem.
Recht gute Fahrt! Und im Abteile
Nur nette Nachbarn außerdem.

Spruch für einen, der mit dem Autobus verreist

Mein Segenswunsch soll dich begleiten.
Dein Sitz sei weich, die Straße hart.
Ich wünsche dir und allen Leuten
Im Autobus vergnügte Fahrt!

Spruch für einen, der mit dem Auto verreist

Ich wünsch dir keine Autoschlange,
Genug Benzin und Glück dazu.
Fahr nicht zu wild! Fahr nicht zu bange!
Der Lenker deines Glücks bist du.

Spruch für einen, der als Anhalter verreist

Du fährst als Gast. Sei dir im klaren,
Daß nicht ein jeder gastfrei ist.
Doch mögen alle, die dich fahren,
So nett sein, wie du selber bist!

Dritter Flug

Von A nach Z
oder
Adam war der erste Mann

Abc-Geschichten und Abc-Gedichte

24 Der junge Herr und das A

Es war einmal ein reicher Mann, der suchte einen Sekretär. Weil nun der reiche Mann seine Angestellten gut bezahlte, meldeten sich viele Leute – Damen und Herren, junge Mädchen und junge Burschen –, die sich um diese Stellung bewarben.

Der reiche Mann stellte jeden auf die Probe, indem er ein Gespräch mit ihm führte. Er hatte von acht Uhr früh bis elf Uhr mittags schon 111 Leute geprüft und immer noch keinen geeigneten Sekretär gefunden, als ein junger Herr bei ihm eintrat, »guten Tag« sagte und sich auf ein Zeichen des reichen Mannes auf einem Stuhl niederließ.

»Wie Sie wissen«, begann der reiche Mann die Unterhaltung, »führe ich mit jedem Bewerber um den Sekretärsposten ein kurzes Gespräch.«

Der junge Mann sagte kurz: »Ah!« (Es klang, als habe er »aha« gesagt.) Dabei hob er ganz leicht die Augenbrauen.

»Ich verlange keine schwere, aber ordentliche und gute Arbeit«, fügte der reiche Mann hinzu.

Der junge Mann machte ein höflich interessiertes Gesicht und sagte etwas gedehnt: »Aah!« (Es klang wie »ah ja«.)

»Sie werden«, erklärte der reiche Mann weiter, »viele bedeutende Persönlichkeiten empfangen müssen. Dabei kommt es darauf an, daß Sie gut zuhören, selber wenig reden und sich alles genau merken.«

Der junge Herr nickte mit dem Kopf und ließ ein zustimmendes »ah« hören. (Es klang wie »ja ja, natürlich«.)

»Die Arbeiten, die ich Ihnen auftrage«, erläuterte der reiche Mann, »müssen sehr gewissenhaft ausgeführt werden, und manchmal werden Sie auch nach Büroschluß noch ein wenig arbeiten müssen.«

»Ah«, sagte der junge Herr verständnisvoll und nickte wieder. (Es klang wie »also gut denn«.)

»Ich gebe Ihnen aber auch«, lächelte der reiche Mann, »jeden Samstag und Sonntag frei und stelle Ihnen ein Auto und ein Häuschen zur Verfügung.«

Der junge Mann lächelte ebenfalls und sagte freudig überrascht: »Aaaah!« (Das klang wie bei einem Kind, das überraschend etwas geschenkt bekommen hat.)

Nach diesem »ah« erhob der reiche Mann sich plötzlich, und auch der junge Herr stand sofort höflich vom Stuhl auf. Einen kleinen Augenblick lang sahen die beiden sich an: der reiche Mann mit zusammengekniffenen Augen, der junge Herr mit offenem Gesicht und heiterem Blick.

Dann sagte der reiche Mann: »Sie bekommen den Posten. Sie gefallen mir. Sie haben gut zugehört und mir durch einen einzigen Laut in wechselnder Betonung jeweils genau zu verstehen gegeben, was Sie gerade dachten. Sind Sie bereit, die Stelle anzutreten?«

Jetzt sagte der junge Herr zum erstenmal ein wenig mehr als nur »ah«. Er meinte: »Wer a sagt, der muß auch b sagen. Ich bin bereit, den Posten anzutreten.«

»Ah!« lachte der reiche Mann. »Ausgezeichnet! Dann können wir gleich morgen mit der Arbeit beginnen.«

So kam es, daß ein junger Herr nur durch den Laut A zu einem Häuschen, einem Auto und einer gutbezahlten Stellung kam.

25 Das Männer-Abc

Adam war der erste Mann.
Also fang ich mit ihm an.
Brutus fand es gar nicht fein,
Zweiter Mann in Rom zu sein.
Cäsar hatte alle Macht.
Brutus hat ihn umgebracht.
Dickens schrieb (wie ihr wohl wißt)
Den Roman »Oliver Twist«.
Einstein trieb Mathematik
Und zuweilen auch Musik.
Franklins Name stimmt uns heiter:
Er erfand den Blitzableiter.
Gulliver fuhr einst umher
Zwischen Inseln, fern im Meer.
Herkules, der große Held,
Steht des Nachts am Sternenzelt.
Iwan aus dem Kreml war
Rußlands allerschlimmster Zar.
Jonas saß mit trübem Sinn
In dem Bauch des Walfischs drin.
Knigge sagt uns würdevoll,
Wie man sich benehmen soll.
Lohengrin kam mit dem Schwan
Prompt zu Elsas Rettung an.
Mozart, der berühmte Mann,
Schrieb die Oper »Don Juan«.
Noah rettete im Boot
Tiere vor der Wassersnot.
Onkel Tom, der Neger, ward
Oft geschlagen, bös und hart.

Peter Pan, der Bube klein,
Wollte nie erwachsen sein.
Querkopf nennt man einen Mann,
Den man nicht belehren kann.
Riesen sind auch Männer. Bloß –
Sie sind unwahrscheinlich groß.
Sindbad hatte ungeheuer
Viele Meeresabenteuer.
Tut-anch-Amun (wie bekannt)
Herrschte im Ägypterland.
Urian fuhr ohne Geld
Ganz alleine um die Welt.
Varus starb, besiegt und alt,
In dem Teutoburger Wald.
Wilhelm von Oranien
Kämpfte gegen Spanien.
Xerxes war ein König, der
Peitschte einst aus Zorn das Meer.
Yankees gibt's in USA,
Also in Amerika.
Zeus, vergib mir (wenn es geht)
Dieses Männer-Alphabet!

26 Das neue Abc für Groß und Klein

Ammen ziehn zum Lebenslauf
Andrer Leute Kinder auf.

Bauersleute leben heut
Besser als in alter Zeit.

Christoffer Columbus sah
Chancen in Amerika.

Dänemark gebar uns den
Dichter H. C. Andersen.

Elefanten tappen schwer,
Ebenfalls als Kind, daher.

Ferkel werden niemals fein,
Folglich nie gesittet sein.

Grab ist Erde. Und zu ihr
Gehn und von ihr kommen wir.

Hier und da und fern und nah
Hört nicht jeder gern »hurra«.

Ist Gedanke schon Idee?
Ich, ihr Lieben, sage: Nee!

Kuh ist weiblich. Stier ist Mann.
Kälber kommen später dran.

Löwen gibt's am Rande von
Libyen und im Salon.

Meist ist schon die Sonne da,
Macht der Hahn sein Kikrikah.

Neger sind – und ich erwart's –
Niemals weiß und meistens schwarz.

Oelbäum wären hierzuland
Ohne Bibel unbekannt.

Pfuschern schreibt ins Stammbuch rein:
Pulver will erfunden sein!

Quecken hindern Gras und Weizen,
Quicklebendig sich zu spreizen.

Reiche Rentner sind oft so:
Rund wie Türme, dumm wie Stroh.

Schickst du auch manch Schwein ins Holz:
Schweine sind kein Grund zum Stolz.

Tönt auch wunderhübsch sein Lied:
Teetopf summt nur, weil er zieht.

Uhren gehen mit der Zeit
Und wir durch die Ewigkeit.

Vieh zu haben ist ein Glück,
Vieh zu sein – ein Trauerstück.

Wäscht der Waschbär, dann, o Schreck,
Wäscht er oft die Wäsche weg.

Xylophone spielt man in
Xanten wie in Varaschdin.

Yemen ist ein Land, mein Kind.
Yak, so heißt das Tibet-Rind.

Zöpfe, die man schneiden muß,
Zieren niemand. Aus und Schluß.

Frei nach dem dänischen Gedicht
von Hans Christian Andersen

27 Die Brabbelberta

Ein B-Gedicht

Berta Butz begann als Baby
Bald schon mit der Brabbelei.
Babbelnd, brabbelnd sagte Berta:
Bitte, bitte, Baby Brei!
Baby wollte Birnen haben,
Baby babbelt: Bittebitt.
Baby bittet: Baby Breilein,
Baby Birne, Baby Eilein!
Baby macht auch oft Geschreilein.
Und die Mutter macht was mit.
Bribbel, brobbel, brubbel, brabbel,
Brabbelberta, halt den Schnabel!
Brabbelberta, gib doch Ruh!
Mach den Brabbelschnabel zu!

Berta Butz hieß in der Schule
Brabbeline Babbelmann.
Bei Beginn der Stunde fing die
Berta schon zu brabbeln an.
Berta muß den Bleistift spitzen,
Bertas brauner Buntstift bricht.
Bald befiehlt der Lehrer Britzen
Berta täglich, nachzusitzen.
Berta muß beim Rechnen schwitzen;
Aber schweigen lernt sie nicht.
Bribbel, brobbel, brubbel, brabbel,
Brabbelberta, halt den Schnabel!
Brabbelberta, gib doch Ruh!
Mach den Brabbelschnabel zu!

Berta Butz bekam als Mutter
Blonde Mädchen, sieben Stück.
Bald gab's sieben Brabbelbertas.
Brabbeln war ihr höchstes Glück.
Bei den sieben war am Ende
Beinah nichts mehr zu verstehn:
Bobby stöhnt, und Bienchen weint, und
Betty heult, und Blanda greint, und
Birgit brüllt, und Bertel schreit, und
Brabbelberta findet's schön.
Bribbel, brobbel, brubbel, brabbel,
Brabbelberta, halt den Schnabel!
Brabbelberta, gib doch Ruh!
Mach den Brabbelschnabel zu!

28 Die Hexe Hanne Hopp

Erster Teil: Wie Hanne das Windreiten lernte

Hexen reiten gewöhnlich auf Besen. Das ist einigermaßen verwunderlich; denn die meisten Hexen können zaubern. Es wäre also ein leichtes für sie, sich ein Flugzeug, einen Fesselballon oder sogar ein Raumschiff zu zaubern; aber Hexen sind altmodisch: Sie reiten auf Besen.
Die einzige Hexe, die ein bißchen moderner ist, heißt Hanne Hopp. Sie reitet nämlich auf den Winden. Und wie sie dazu kam, das soll hier kurz berichtet werden.
Hanne Hopp ist zwirnsfadendünn und federleicht. Wenn sie im Herbst bei starkem Wind durch die Straßen spaziert, sieht es aus, als ob sie nicht geht, sondern weht: So leicht ist sie. Auf ihrer Visitenkarte steht:

HANNE HOPP,
DIE LEICHTESTE HEXE DER WELT

Nichts ist natürlicher, als daß Hanne Hopp auf Winden reitet. Trotzdem entdeckte die Hexe dieses praktische Fortbewegungsmittel erst in ihrer reiferen Jugend, nämlich an ihrem 333. Geburtstag. Sie entdeckte es durch den leichtesten und luftigsten Buchstaben unseres Abc, nämlich durch das H.

Zu ihrem 333. Geburtstag Ende Mai schenkte ihre dicke Kollegin, die Hexe Blanda Bulba, ihr die neue erweiterte Ausgabe des Zauber-Alphabets für fortgeschrittene Hexen. Als Hanne Hopp darin las, stellte sie fest, daß man unter dem Buchstaben H fast ausschließlich Sprüche für Wind- und Sturmzauber findet. (Der restliche Windzauber findet sich unter dem Buchstaben W.) Schon der erste Spruch unter dem H, ein besonders sanfter Zauberspruch, ist ein Windzauber. Er muß, wenn er wirken soll, gehaucht werden und lautet:

Hauch harmonisch, Wind aus Süden,
Hora, Hora, Helium,
Harf im Hain der Hesperiden,
Hauche durchs Elysium.
Hora, Hora, Hora, homm,
Heitrer Südwind, komm!

Mit diesem Spruch kann eine fortgeschrittene Hexe den Südwind herzaubern und ihn sich dienstbar machen.
Auch der letzte Spruch unter dem Buchstaben H ist ein Windzauber, genauer gesagt: ein Sturmzauber. Er beschwört den Nordwind und muß gebrüllt werden, wenn er wirken soll:

Habichtschwanz und Häherzunge!
Hall der Hörner hier und dort!
Hahn kräht mit gefüllter Lunge.
Hör ihn krähen, Wind aus Nord!
Häher, Kauz und Eulenloch,
Heule, Nordwind, heule doch!

Die Hexe Hanne Hopp, die nicht von ungefähr zwei H in ihrem Namen stehen hat, lernte und übte monatelang den gesamten Wind- und Sturmzauber. Außerdem las sie sorgfältig und mehrere Male den Anhang des Zauber-Alphabets für fortgeschrittene Hexen, in dem zu lesen steht:

ANHANG
für fortgeschrittene Hexen

HAUCHE, HEULE UND HECHLE
beim Umgang mit den Winden!
Mache reichlich Gebrauch
von Ausrufen, die mit H
beginnen, als da sind:

HALLO, HOLLA, HEDA,
HOPP, HEIDI, HUSCH,
HÜH, HOTT, HORRIDO
UND HALT

Merke:
Das H ist
das A und O aller Windreiterei.

Hanne Hopp prägte sich die Sprüche und Anmerkungen gut ein und begann nach sieben Monaten Vorbereitung mit der praktischen Windreiterei.
Zuerst gab es natürlich mancherlei Pannen und Ärger. Ihr Hexenrock hakte sich am Hahn eines Kirchturms fest, und Hanne Hopp hing heulend am Turmdach, bis ihre Kollegin Blanda Bulba sie befreite. Ein anderes Mal stieß sie bei besonders starkem Wind mit einem fliegenden Teppich zusammen, auf dem der Hexenmeister Halef, ihr türkischer Kollege, saß. Die dritte Panne war für Hanne Hopp besonders peinlich: Da hatte sie nämlich vor Beginn des Windritts vergessen, ihre Gleichgewichtslage auszuschaukeln. So ritt sie kopfüber westwärts, und mehrere Kilometer weit sah man sie in ihrer giftgrünen Hexen-Spezial-Unterwäsche durch die Lüfte sausen.
Aber aus all diesen unglücklichen Vorkommnissen lernte die Hexe, denn Hanne Hopp war ebenso zäh wie dünn. Nach anderthalb Jahren ständiger Übung beherrschte sie das Wind- und Sturmreiten wie sonst niemand auf der Welt.

29 Zweiter Teil: Wie Hanne eine berühmte Windreiterin wurde

Inzwischen hatten aber die anderen Hexen von Hanne Hopps Windreiterei Wind bekommen, und sie liefen Sturm gegen diese neumodische Art, sich fortzubewegen. Bei der letzten Zusammenkunft aller Hexen auf dem Blocksberg, die im vorigen Jahr stattfand, erschien sogar des Teufels Großmutter persönlich, um sich diese skandalöse Hexe vorzuknöpfen, die es wagte, mit dem Brauch des Besenritts zu brechen. Eine für Hanne Hopp gefährliche Stimmung beherrschte die versammelten Hexen, als Hanne am Ende der Veranstaltung eine Wind-Reit-Nummer vorführen mußte. Man sah grüne und gelbe Augen gefährlich glitzern, und allen schwarzen Hexenkatern sträubten sich die Haare.

Aber Hanne Hopps Nummer war ein solches Glanzstück, daß es schon während der Vorführung den ersten Beifall gab. Wie Hanne da mit ihrem zwirnsfadendünnen Hexenkörper auf allen Winden jonglierte, ist kaum zu beschreiben. Hechelnd wie ein gehetzter Hund rief sie: Hääi hupp! Hockte sich in den heulenden Nordwind, hopste mit einem Hüüüoh hoh hinüber zum wild brausenden West, hetzte, heidi, mit dem Ostwind zurück, ritt hin und her mit hüh und husch, hastete mit ha, hi, ho über die Höhen des Blocksbergs, rief: Hallo, hierher, Südwind! Lehnte sich heiter in den warmen Hauch, der aus dem Hain der Hesperiden kommt, ließ sich hinaufheben in den hellen Himmel, hauchte: Halt!

Ritt, heidi, wieder hinab und zurück zu den anderen Hexen, hörte sie »hoch« und »hurra« schreien, verbeugte sich hämisch grinsend vor des Teufels Großmutter und fragte: »Hat mein Hexenritt gefallen, Hoheit?«
Des Teufels Großmutter, Herrin aller Hexen, erwiderte, daß der Windritt sogar ausgezeichnet gefallen habe und daß es Hanne Hopp künftig als einziger Hexe erlaubt sein solle, auf den Winden zu reiten. Dann verlieh sie der Wind- und Sturmreiterin den Höllen-Haus-Orden für hervorragende Hexen mit Brennessellaub und gekreuzten Mistforken.
Heute hängt der Höllen-Haus-Orden in Hanne Hopps Hexenhütte und erheitert ihr Herz. (Soweit Hexenherzen sich überhaupt erheitern lassen.) Das Windreiten aber beherrscht Hanne Hopp so vollkommen, daß sie nur noch kurze Befehle zu geben braucht, die natürlich alle mit dem H, der luftigsten Letter, anfangen: Hüah, Südwind! Hopp, Ost! Nordwind, hoh! Heda, West!
So hat das H der Hexe Hanne Hopp geholfen, eine Hexe zu werden, die unter den anderen Hexen eine beherrschende und hervorragende Stellung einnimmt.

30 Münder, Münder, viele Münder

Alle Münder sind verschieden.
Beinah keine zwei sind gleich.
Claras Mund ist breit und eckig,
Doras Mund ist klein und weich.
Es gibt Strich- und Kirschenmünder,
Ferner Münder wie ein U,
Große Münder, kleine Münder,
Halbmondförmige dazu.
Ich und du und alle Leute:
Jeder kann mit seinem Mund
Kauen, knabbern, kichern, kreischen,
Lachen mit und ohne Grund.
Münder, Münder, viele Münder
Nippen Milch und trinken Wein
Oder schimpfen, zetern, keifen,
Pusten, pfeifen, singen, schrein.
Qualm kann auch dem Mund entfliehen.
Raucher haben das sehr gern.
Schmollen kann der Mund der Damen,
Trinken kann der Mund der Herrn.
Um euch Münder
Vorzuführen,
Wollen wir euch – kommt und seht –
X-beliebig viele Münder
Zeigen nach dem Alphabet:

Akten, Akten liebt der Herr
Mit dem A-Mund sicher sehr.

Bös und bissig, ei der Daus,
Sieht der Mund von dem hier aus.

Clementines Mund, der klatscht,
Keift und fistelt, schimpft und tratscht.

Dieser Mund, aus D gemacht,
Ist ein Mund, der gerne lacht.

Ewig sucht in der Kartei
Diesen Mund die Polizei.

Fürstlich-grimmig kneift Fürst Rheyn
Seinen Mund – dem F gleich – ein.

Grantig wirkt der Mund mit G
Von Herrn Guntram Nägele.

Hitlers Mund – schaut ihn euch an –
Zeugt von einem bösen Mann.

Irgendwem schaut der hier, huh,
Ängstlich oder staunend zu.

Julchen Jobst ist fesch und flott.
Und ihr Mund ist wie ein J.

Katerhaft, so sieht, o Graus,
Der hier mit dem K-Mund aus.

Leicht verstimmt sieht Kumpel Klaus
Mit dem schiefen L-Mund aus.

Mit dem Munde breit und froh
Lacht uns an ein Eskimo.

Nina, eine Dame fein,
Schaut hingegen mürrisch drein.

O! ruft die Studentin Ruth.
(Und der O-Mund steht ihr gut.)

Pidder Peters fährt zur See.
Knurrt er, wird sein Mund ein P.

Qualmt ein Mannsbild immerzu,
Wird sein Mund zu einem Q.

Rache! ruft der Boxer. Und
Dabei wird zum R sein Mund.

Solche Masken sonderbar
Kräuseln greulich Mund und Haar.

Traue dieser Maske nicht
Mit dem T im Angesicht.

Ulrich freut sich immerzu.
Und so wird sein Mund ein U.

Vroni lacht, und das ist schlau;
Denn so wird ihr Mund ein V.

Wird zum W der Mund entstellt,
Seht ihr einen Mann mit Geld.

Xaver schläft beim Fernsehn fix.
Und dann wird sein Mund ein X.

Ypsilantis Frau Yvonn
Lächelt stets mit Y.

Zum Beschlusse sagt das Z:
Schließt den Mund und geht ins Bett.

31 Karoline und der Buchstabe M

Der Knabe Michel ist schrecklich naschhaft. Ich glaube, er ist noch naschhafter als seine Schwester Karoline. Heute dürfen die zwei Kinder im Keller spielen.
»Du, Karoline, möchtest du Sirup?« fragt Michel.
»Ja, bitte«, sagt Karoline.
»Aber der ist oben auf dem Regal. Wir müssen den Bügeltisch darunter schieben. Hilfst du mir?«
»Dürfen wir denn das?« fragt Karoline.
»Aber das ist doch unser eigener Sirup, Karoline!«
»Ach so«, sagt das Mädchen, und dann schieben sie den Bügeltisch unter das Regal. Der Michel klettert auf den Tisch, aber er reicht nicht ganz hinauf bis zum Siruptopf.
»Wir müssen den Stuhl auf den Tisch stellen«, sagt er.
Zu zweit versuchen sie, den Stuhl auf den Tisch zu heben. Aber plötzlich kann Karoline den Stuhl nicht mehr halten. Er kippt und fällt auf das Regal mit den leeren Einmachgläsern. Zwei Gläser purzeln in das Faß mit den eingelegten Gurken, das Essigwasser schwappt über und platscht auf den Marmorkuchen, der am Boden steht. Als der Michel den Stuhl im Fallen halten will, tritt er aus Versehen in den Topf mit Pflaumenmarmelade. Aber der Stuhl fällt trotzdem weiter und zertrümmert ein Glas mit eingemachten Mirabellen.
Das ist eine Bescherung!
Karoline weint vor lauter Schreck, genaugenommen heult sie sogar. Der Michel ist blaß wie die Wand.
Plötzlich hören sie Schritte auf der Treppe, und da ist auch schon der Vater im Keller.
»Was ist denn das?« fragt er.
»Ich glaube, hier ... hier wa ... waren Einbrecher«, stottert Michel.
Der Vater sieht Karoline streng an. »Ist das wahr, Karoline?«
Das Mädchen schluckt und schielt zu Michel hinüber.
»Ja«, sagt Karoline, »die Räuber wollten den Tisch auf den Stuhl stellen und Sirup naschen!«
»Du meinst wohl, sie wollten den Stuhl auf den Tisch stellen?«
Karoline nickt und schluckt.
Der Vater schaut das Kellerfenster an und sagt: »Das Fenster ist von innen verschlossen. Also muß der Räuber noch im Keller sein. Fängt der Räuber vielleicht mit M an, Karoline?«

Karoline schluckt immer noch. »Ich weiß nicht, was M ist«, sagt sie.
»Paß auf, dann will ich es dir erklären!«
Der Vater packt den umgekippten Stuhl, stellt ihn neben den blassen Michel, nimmt Karoline auf den Schoß und sagt: »M, Karoline, ist ein Buchstabe. Die naschhafte Miezekatz fängt mit M an. M . . . M . . . Miezekatz, hörst du?«
Karoline nickt, und Michel wird noch blasser. »Die Marmelade, die der Michel am Schuh hat, die fängt auch mit M an, Karoline! M . . . M . . . Marmelade, hörst du?«
Karoline schielt wieder zum Michel hinüber.
Michel will weggehen, aber der Vater sagt: »Hör dir das ruhig mit an, Michel. Vielleicht kannst du uns helfen. Schau mal, da liegt ein Glas in Scherben. Du weißt doch sicher, was darin war?«
»Mirabellen«, sagt der Michel leise.
»Mirabellen fängt auch mit M an, Karoline«, sagt der Vater. »Hör mal: M . . . M . . . Mirabellen! Es war sehr böse von dem Räuber, das Glas kaputtzumachen. Unsere Mami hat die Mirabellen nämlich mit viel Liebe und Mühe eingekocht. Mami fängt auch mit M an: M . . . M . . Mami!«
Karoline schluckt zweimal. Michel steht ganz steif da. Wie ein Denkmal. Der Vater blickt zu Boden und sieht den Marmorkuchen. Er ist durchnäßt, und obendrauf liegt Gurkenkraut.
»Was ist denn das?« fragt Herr Meisel.
»Entschuldige, Papi«, sagt der Michel, »wir konnten den Stuhl nicht mehr halten, und da ist er auf die Milchflaschen gefallen, und die Milchflaschen sind in das Gurkenfaß gefallen, und das Gurkenfaß ist übergeschwappt, und . . .«

Der Vater unterbricht den Michel. Er sagt: »Aber Michel, das wart ihr doch gar nicht. Das war doch der böse Räuber. Nicht wahr, Karoline?«
Karoline schielt abermals zum Michel hinüber und nickt.
»Wie heißt der Kuchen mit dem Gurkenkraut eigentlich?« fragt der Vater.
»Das ist ein Marmorkuchen!« ruft Karoline.
»Stimmt, Karoline! Und Marmorkuchen fängt auch mit M an. M ... M ... Marmorkuchen! Die kaputten Flaschen da unten fangen ebenfalls mit M an. Was sind das wohl für Flaschen, Karoline?«
»M ... M ... Milchflaschen«, antwortet das Mädchen.
»Fein, Karoline!« ruft der Vater. »Jetzt hast du schon gemerkt, was ein M ist. Weißt du jetzt auch, wie der Räuber heißt, der mit M anfängt?«
Karoline schaut den Michel an und nickt ein ganz, ganz bißchen. Man kann es kaum sehen. Michel reibt sich die Augen. Wahrscheinlich jucken sie ihn.
Da kommt jemand die Kellertreppe herunter. Es ist die Mutter. Sie guckt sich die Bescherung an und ruft: »Lieber Himmel, was habt ihr denn angestellt?«
»Wir haben den Buchstaben M gelernt«, sagt der Vater.
»Was soll das heißen?« fragt Frau Meisel verdutzt.
»Wir haben alles aufgezählt, was mit M anfängt!« kräht Karoline.
»Ja«, sagt der Vater. »Hier fängt nämlich viel mit M an: Die M ... M ... Marmelade, M ... M ... Michels Schuhe, die kaputten M ... M ... Milchflaschen, der M ... M ... Marmorkuchen mit dem Gurkenkraut, die M ... M ... Mirabellen, alles fängt mit M an. Und der Räuber, der das alles angerichtet hat, fängt auch mit M an!«
»Ach so«, sagt die Mutter. Sie gibt dem Michel einen Klaps und ruft: »Hol Kehrblech und Handfeger, und dann feg die Scherben zusammen, du Räuber!«
Da seufzt der Michel und ruft: »Ja, Mami! Gern, Mami! Sofort, Mami!« Und er rennt die Treppe hinauf.
Karoline aber fragt leise: »Weißt du, wie der Räuber heißt, Mami?«
»Hm«, sagt die Mutter, »wenn er mit M anfängt, dann heißt er sicher M ... M ... Maximilian. Hab ich recht?«
»Ja«, ruft Karoline begeistert. »Maximilian, so heißt der Räuber!« Dann umarmt sie ihre Mutter und flüstert ihr ins Ohr: »Du bist lieb!«
»Ich fang ja auch mit M an«, flüstert die Mutter zurück. Dann lachen alle beide. Und der Vater lacht auch.

32 Das Abc der Namen

Alle Menschen haben Namen:
Anna, Albert, Augustin,

Bruno, Boris und Brigitte,
Berta, Bernhard, Benjamin,

Conny, Clemens und Cäcilie,
Cristian und Cölestin,

Detlef, Dagobert, Dietlinde,
Dora, Dieter, Dragutin.

Etwas anders heißen Tiere:
Esel, Eber, Elch und Hahn,

Flunder, Frosch und Flußforelle,
Faultier, Fliege, Fuchs, Fasan,

Gans, Giraffe, Goldbarsch, Gemse,
Geier, Greif, Gorillamann,

Hamster, Habicht, Hecht, Hyäne,
Haus- und Gartenortolan.

Inniger sind Blumennamen:
Iris, Ingwer, Immergrün,

Judenkirsche, Jacobslilie,
Jungfernrebe und Jasmin,

Kaiserkrone, Königskerze,
Kerbel, Knotenfuß und Klee,

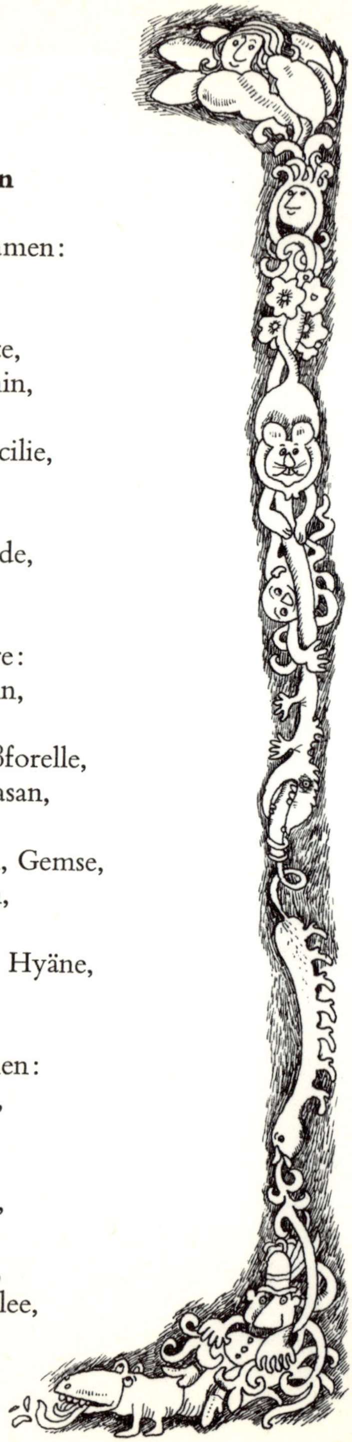

Labkraut, Lorbeer und Lavendel,
Löwenmaul und Lilie.

Manchmal haben Mäuse Namen:
Mäusemax und Mickymaus,

Nobelmaus und Nimmermäuschen,
Neckermaus und Nagislaus.

Orte haben gleichfalls Namen:
Omsk und Oberammergau,

Paderborn und Prag und Palma,
Portorico und Palau,

Quito, Quakenbrück und Quickborn,
Quedlinburg und Quattaghan,

Rom und Riga, Raab und Rio,
Rothenburg und Registan.

Schöne Namen haben Sterne:
Spica, Sirius und Schwan,

Taube, Tukan und Triangel,
Taurus und Aldebaran.

Und mit allen diesen Namen,
Unbekannt und wohlbekannt,

Vagen Namen, klaren Namen,
Viel gehört und viel genannt,

Wollen wir die Welt erklären.
Weise Leute sagen da:

X-fach anders nennen Menschen
Xverschiedne Sachen ja.

Yuyo heißt das Unkraut spanisch.
Yuyo heißt auf englisch: uiid.

Zahllos, zahllos sind die Namen
Zähl sie nur, wie man im Lied

Zählt die Sterne, die da stehen.
Zähl die Tropfen nur im See:

Weil du niemals damit endest,
Endet dieses Abc.

33 Frau Zenzi und die Zwiderwurzn

Eine Z-Geschichte

Im Dorfe Zirngiebling in Oberbayern lebte eine Bäuerin namens Zenzi, die Witwe war und mit ihrem Knecht zusammen wie ein Mann auf den Äckern und Feldern arbeitete. Die frische Luft war ihr lieber als die enge Welt des Hauses. Deshalb suchte sie eine Frau, die ihr das Haus führen sollte.
Leider meldeten sich nur zwei Bewerberinnen, eine ruhige, rundliche, schon etwas ältere Frau und ein keckes, hübsches junges Mädchen.
Die ältere Frau, die sich an einem Samstag vorstellte, besah sich das Haus und sagte: »Ich hätt Lust, hier zu arbeiten.«
Das junge Mädchen, das sich am Sonntag vorstellen kam, redete sehr viel mehr. »Zeit ist Geld«, sagte sie. »Bei mir geht alles zackzack. Ich zapple nicht, ich zetere nicht, ich zanke nicht. Ich führe Zügel und Zepter zeitsparend und zweckmäßig. Bei mir muß jedes Zimmer glänzen. Mein Ziel ist, den Leuten, für die ich arbeite, Zeit und Geld zu sparen.«
Nach dieser Unterhaltung, die sehr einseitig geführt worden war, besprach sich die Bäuerin mit ihrem Knecht. Sie sagte: »Das junge Mädchen benutzt für meinen Geschmack zu viele Wörter mit Z.«
Der Knecht, dem das hübsche junge Mädchen äußerlich recht gut gefiel, erwiderte langsam: »Mit Z fangen die Wörter zierlich, zart, zahm, Zucker und zwitschern an, Bäuerin. Wegen eines einzigen Buchstabens sollte man einen Menschen nicht gleich verurteilen.«
»Ich weiß nicht, ich weiß nicht«, sagte die Bäuerin Zenzi. »Wenn die auf den Hof zieht, dann wird's unruhig im Haus.«
Zufällig war das Fenster der Küche, in der die beiden standen und redeten, offen. Und zufällig konnten Bäuerin und Knecht ein Gespräch belauschen, das vor dem Fenster geführt wurde.
Da unterhielt sich nämlich der alte Hartl, der auf dem Hof seinen Lebensabend verbrachte, mit dem jungen Mädchen, das sich vorgestellt hatte. Beide kehrten dem Fenster den Rücken zu.
»Na, Mädchen«, fragte der alte Mann freundlich, »kriegst du die Stelle?«
Das junge Ding warf den Kopf in den Nacken, schnalzte mit der Zunge und machte: »Zzz!«
»Bist du abgewiesen worden?« fragte der Hartl erstaunt.
Das Mädchen zuckte unwillig mit den Schultern und gab wieder nur diesen zischenden Laut von sich: »Zzz!«
Aber den Alten schien das nicht zu stö-

ren. Geduldig fragte er weiter: »Gefällt dir vielleicht die Bäuerin nicht?«
Diesmal schnipste das Mädchen mit den Fingern, bevor es zum drittenmal »zzz« machte.
»Na, na, na«, sagte der Alte, »dir fällt doch kein Zacken aus der Krone, wenn du mit einem alten Mann wie mir ein bißchen freundlich bist. Oder sind dir meine Fragen zuwider?«
Ohne den alten Mann anzusehen, richtete das Mädchen sich plötzlich stocksteif auf und machte zum letztenmal, ebenso stolz wie zornig: »Zzz!« Dann stolzierte sie davon.
Der alte Hartl sah ihr kopfschüttelnd nach.
»Wie kann so ein junges Ding bloß eine solche Zwiderwurzn sein«, wunderte sich der Knecht.
»Ich hab's dir ja gesagt«, lachte die Bäuerin. »Sie benutzt das Z viel zu oft. Sie ist, wie du richtig bemerkt hast, eine Zwiderwurzn! Mit zwei Z!«
»Ja ja, hast schon recht«, brummte der immer noch verblüffte Knecht. »Nehmen wir lieber die andere Frau.«
So kam es, daß ein hübsches junges Mädchen durch einen einzigen Buchstaben ihr Gesicht und eine gute Stellung verlor.

34 Zeigerlied

Ein Z-Gedicht

Der Zeiger zeigt und zählt die Zeit.
Zäh zieht es ihn nach vorne.
Er zählt die Zeit der Zärtlichkeit.
Er zählt die Zeit im Zorne.

Macht auch die Zeit, die Zeit der Uhr,
Uns selber ernst und heiter:
Der Zeiger zählt die Stunden nur
Und zieht gelassen weiter.

Zeig so wie er Gelassenheit,
Doch nütze Kopf und Hände.
Gezählt, gezählt wird deine Zeit.
Bring sie zum guten Ende.

Vierter Flug

Zum fernen Lande Lutschistan
oder
Wenn die Möpse Schnäpse trinken

Ulk-Geschichten und Ulk-Gedichte

35 **Ulkige Leute**

Ein jeder lacht auf seine Weise,
Der Holzknecht laut, das Fräulein leise.
Man lacht auf A, man lacht auf U.
Hört zu.

Das Mädchen Annabella Claasen,
Das konnte die Posaune blasen.
Doch blies es immer nur das a.
Haha.

Herr Häberle (und ich erwähne:
Er hatte nagelneue Zähne)
Fand auch das weichste Schnitzel zäh.
Hähä.

Ein Seemann namens Peter Peters,
Der sprach: »Mein Schiff mißt sieben Meters.«
Da sprach der Seemannswirt: »Ach nee.«
Hehe.

Die dicke Köchin, Frau Emilie,
Die liebte sehr die Petersilie
Und brach das Grünzeug überm Knie.
Hihi.

Ein Ochs auf einem Bauernhofe
Verlangte eine Kammerzofe.
Da war der Bauer aber froh.
Hoho.

Ein Österreicher namens Knötl,
Der fiel vom Popocatepetl
Und sang dabei noch: duilöh!
Höhö.

Ein Ungar griff beim Jiu-Jitsu
So hart, als wär er aus Granit, zu.
Da fraß der Gegner seinen Schuh.
Huhu.

Ein Reiter ritt mit einer Dattel
Und einem Würstchen unterm Sattel.
Das war zu Mittag sein Menü.
Hühü.

Ein jeder lacht auf andre Weise,
Doch überall wird, laut und leise,
In Stadt und Land, bei Tag und Nacht,
Gelacht.

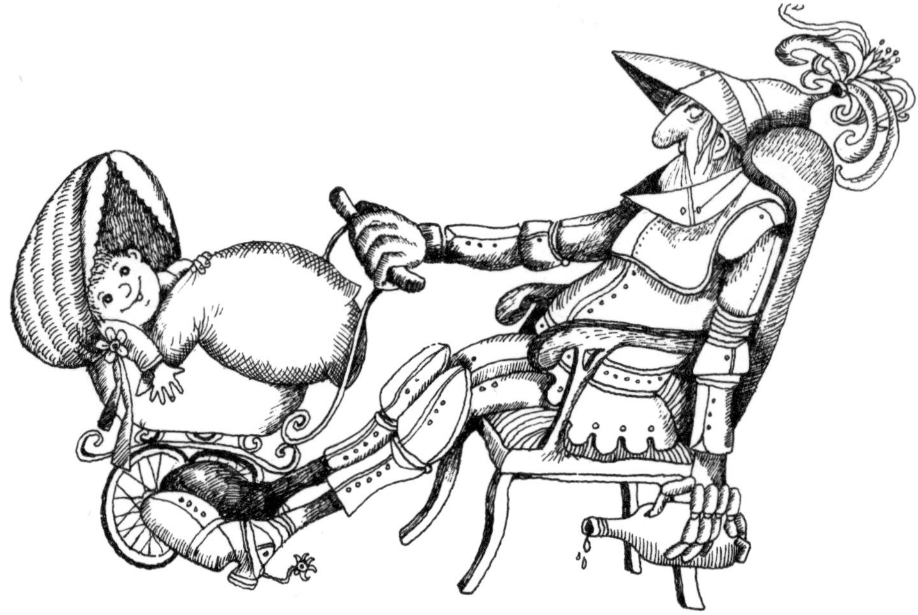

36 Der arme Ritter

Es war einmal ein Ritter,
Der war als Babysitter
In Boston angestellt.
Doch konnte er nicht sparen.
Er hatte auch nach Jahren
Noch immer nicht viel Geld.

Nun sind zum Babysitten
Die Ritter sehr umstritten.
Drum konnt er glücklich sein:
Er kriegte gute Kost von
Dem Mister Brown in Boston
Und Dollars obendrein.

Doch Ritter brauchen leider
Sehr teure Panzerkleider,
Die man vom Schmied bezieht.
So trug der arme Ritter –
Und das war wirklich bitter –
Den ganzen Lohn zum Schmied.

Oft zwischen Schlaf und Wachen
Ersehnte er sich Drachen
Zum Kampf mit Helm und Speer.
Doch diese Ungeheuer
Mit Augen wie von Feuer,
Die gibt es längst nicht mehr.

So ist der arme Ritter
Noch immer Babysitter,
Auch wenn's ihm nicht behagt.
Doch sei'n wir nicht verwundert:
Im zwanzigsten Jahrhundert
Sind Ritter nicht gefragt.

Die erste Strophe stammt von dem zehnjährigen Burkhard Steck aus Frankfurt

37 Traurig und erlogen

Auf einer Wolke mit Mercedesstander,
Dort knotete ich, weil es sonst nichts gab,
Mir meine Haare einzeln aneinander
Und seilte mich damit zur Erde ab.

Doch, ach, ich fiel ins Häuschen einer Puppe
Und dort in einen Suppentopf hinein.
Da rief die Puppe: »Fleisch ist in der Suppe!
Das wird genug für eine Mahlzeit sein.«

Sie aß mich auf, als wär ich ein Stück Lende,
Zusammen mit viel Reis und Rosenkohl.
Ich aber, als ich tot war und am Ende,
Sprach zu mir selber weinend: Ruhe wohl!

Nach einer bosnischen Lügengeschichte

38 Am siebzehnten Oktebruar

Am siebzehnten Oktebruar
Geschehn die tollsten Sachen.
Man kann an diesem Tag im Jahr
Fast alles möglich machen.

Man schmaust als Feiertagsgericht
Die leckren Hundeeier,
Auf Eis gekocht bei Mondenlicht
Und abgekühlt im Feuer.

Auch kauft man sich an diesem Tag
Die Kleider nur in Flaschen.
Und wer ein Kleid nicht leiden mag,
Der trägt halt nur die Taschen.

Am siebzehnten Oktebruar,
Wenn uns die Katzen grüßen,
Trägt man Sandalen auf dem Haar
Und Hüte an den Füßen.

Dann wärmt der Mond, die Sonne schneit.
Ein Stern fängt an zu regnen.
Und oft kann man zur Mittagszeit
Dem Sandmann schon begegnen.

Die Fische in Aquarien
Erzählen sich Geschichten,
Sie singen lange Arien
Und fangen an zu dichten.

Am siebzehnten Oktebruar
Trinkt man gesalzne Weine,
Und dazu futtert man ein paar
Gesüßte Ziegelsteine.

Die Katzendamen in der Stadt,
Die kaufen neue Schwänzchen,
Und jeder Herr, der Spaß dran hat,
Besucht das Damenkränzchen.

Auf Dächern treiben Schlittschuhsport
Die Alten und die Kinder.
Und jede Stadt und jeder Ort
Steht kopf – mehr oder minder.

Den siebzehnten Oktebruar,
Den feiern alle Länder.
Nur eines stört, und das ist klar:
Er steht nicht im Kalender!

39 **Höpftbönnöff**

Eine Zeitung für die Bienen,
Die vor Jahren schon erschienen,
Kennt man gut in Stadt und Land.
Aber daß die Küchenschaben
Auch schon eine Zeitung haben,
Das ist weniger bekannt.
Täglich liest man dort
Nur das eine Wort:
Höpftbönnöff!

Bei den dummen Küchenschaben
Gibt es manchen klugen Knaben,
Der verschiedne Sprachen spricht.
Das sind hochgescheite Wesen,
Aber schreiben oder lesen
Können Schaben leider nicht.
Schreiben sie was hin,
Gibt es keinen Sinn:
Höpftbönnöff!

Als die Schaben ihre Zeitung
Gründeten mit viel Bedeutung,
Gingen sie zur Druckerei.
Und sie sagten: »Druckt uns heute
Eine Zeitung, liebe Leute.
Was ihr druckt, ist einerlei.«
Sie verschwanden dann.
Und so druckte man:
Höpftbönnöff!

Niemand von den Küchenschaben,
Welche eine Zeitung haben,
Kann sie lesen und verstehn.
Trotzdem kaufen sie sich Brillen,
Und dann tun sie ganz im stillen,
Als sei Lesen wunderschön.
Doch in Wirklichkeit
Steht dort groß und breit:
Höpftbönnöff!

Wenn die Bienen oder Mücken
In die Schabenzeitung blicken,
Lachen sie sich krumm und schief.
Aber wenn die Küchenschaben
In der Hand die Zeitung haben,
Dann bewundern sie sie tief.
Voll Bewunderung
Lesen sie mit Schwung:

40 Das kleine Land Pimpluzie

Das kleinste Land der Erde
Liegt hinter Bayrisch-Moos.
Dort sind die größten Leute
Wie Nadelköpfe groß.

Sie sind entsetzlich winzig.
Man sieht sie nur bei Licht.
Und tummelt dort ein Kind sich,
Entdeckt man's beinah nicht.

Das Land, es heißt Pimpluzie,
Die Hauptstadt Pimpernill,
Die Königin heißt Lucy,
Der König Pittigrill.

Das größte Haus im Lande
Ist Pittigrills Palast,
Der ragt stolz aus dem Sande,
Fünf Millimeter fast.

Einst hat sich eine Mücke
Nach Pimpernill verirrt.
Da ging das Schloß in Stücke,
Das nun erneuert wird.

Im Garten vor dem Schlosse,
Da weiden Kuh und Rind
Und sieben schwarze Rosse,
Die groß wie Flöhe sind.

Es gab auch Elefanten,
Doch die sind nicht mehr dort.
Die Elefanten rannten
Vor einer Schnecke fort.

Das ganze kleine Ländchen
Samt Berg und Wald und Sumpf
Paßt in das letzte Endchen
Von einem Kinderstrumpf.

Doch denkt euch: In Pimpluzie
Glaubt Mann und Frau und Kind,
Daß sie auf dieser Erde
Die größten Menschen sind.

41 Polly Plauz, die Kofferkrake

Erster Teil: Eine Geschichte, die nicht anfangen will

Polly Plauz war eine Krake von ungewöhnlicher Größe. Wenn sie sich auf den Bauch legte, genauer gesagt, wenn sie sich auf den Kopf stellte, vielmehr, wenn sie sich auf das Kinn stützte, nein, wenn sie ihre acht Fangarme spreizte und auf dem Boden lag, vielmehr: stand, nein: hockte oder sagen wir: sich befand, wenn sie sich also – einem achtzackigen Stern gleich – auf dem Boden befand, dann maß sie vom Ende des einen Fangarmes bis zum Ende des gegenüberliegenden Armes volle zehn Meter.

Unsere Geschichte kann also zu Recht beginnen mit der Feststellung, daß Polly Plauz eine Krake von ungewöhnlicher Größe war.

Trotzdem war Polly Plauz liebenswürdig von Natur. Das heißt – um wiederum genau zu sein –, sie war schlicht liebenswürdig und nicht trotz ihrer Größe; denn große Tiere (auch unter den Menschen) sind ja oft liebenswürdig, zum Beispiel Elefanten und Gewichtheber.

Polly war also liebenswürdig und kam sich ihrer Größe wegen keineswegs groß und bedeutend vor. Im Gegenteil: Niemand war bescheidener und höflicher als sie. Das heißt – um immer hübsch genau zu bleiben – auch das ist im Grunde kein Gegensatz; denn viele Tiere und Leute, die wirklich groß und bedeutend sind, bleiben dabei bescheiden und höflich. Der König der Tiere zum Beispiel, der Löwe, ist die Sanftmut in Person, wenn er satt ist, und manche großen und bedeutenden Menschen sind oft viel bescheidener als ihre eigenen Angestellten.

Um auf Polly Plauz zurückzukommen: Sie war also, wie wir festgestellt haben, eine Krake von ungewöhnlicher Größe, von liebenswürdiger Natur und obendrein höflich und bescheiden.

Mehr braucht man über den Charakter dieser Krake nicht zu wissen, um verstehen zu können, wieso sie auf der Mole von Casablanca plötzlich zu einer Kofferkrake wurde.

Auf der Mole von Casablanca beginnt – mit den sechs Gepäckstücken eines spanischen Tänzer-Ehepaares – die eigentliche Geschichte.

Das heißt, der Anfang der Geschichte liegt eigentlich in einem Charakterzug von Polly Plauz, den ich vergessen habe zu erwähnen, nämlich in ihrer Menschensüchtigkeit. Sie war – um es immer wieder genau zu sagen – furchtbar neugierig auf oder nach oder in bezug auf Menschen. Sie nahm – obwohl sie ein Wassertier mit Fischblut war – glühendes Interesse an allem, was die Menschen taten. Damit dürfte erklärt sein, was ich meinte, als ich behauptete, Polly Plauz sei menschensüchtig gewesen.

Bei der Ankunft oder Abfahrt jedes großen Dampfers war Polly Plauz dabei. Sie gehörte dazu wie der Zollinspektor, der Hafenagent oder der Lademeister.
Das obenerwähnte Tänzerpaar nun, mit dessen sechs Gepäckstücken die Geschichte beginnt, kannte Polly Plauz trotzdem nicht, weil es zum erstenmal auf der Mole von Casablanca stand. Es ist für die Geschichte wichtig, daß man das weiß. Die beiden hießen übrigens Angela und Enrique und traten beim Tanzen stets gemeinsam auf. Angela war immer zerstreut und sehr nervös. Enrique, ihr Mann, war aufmerksam und sagte immerzu »ja, meine Liebe«, wenn seine Frau ihn etwas fragte oder etwas von ihm wollte.
Damit, daß Frau Angela Herrn Enrique etwas fragte, fängt die Geschichte nun an. Sie fragte nämlich vorwurfsvoll: »Enrique, sind alle Gepäckstücke da? Hast du schon einen Träger bestellt?«
Darauf antwortete Enrique, seiner Gewohnheit gemäß: »Ja, meine Liebe!«
So kam es, daß Frau Angela – die, wie gesagt, sehr nervös und zerstreut war – einen Arm, der irgendwo von rechts kam, für einen Gepäckträgerarm hielt. Sie zeigte deshalb auf einen großen Überseekoffer und sagte: »Nehmen Sie den zuerst. Wir haben Kabine sieben auf dem Schiff. Und dann nehmen Sie diesen Korb hier.«
Als ein zweiter Arm sich nach dem Korb ausstreckte, schenkte die Tänzerin ihm kaum Beachtung und fügte hinzu: »Dieser Holzkoffer gehört uns auch. Ebenso der Blechkoffer da und das Köfferchen mit dem schottischen Bezug.«
Sie schenkte dem vermeintlichen Gepäckträger immer noch keine Beachtung, als ein dritter und ein vierter Arm in Tätigkeit traten. Erst als ein fünfter Arm sich in Richtung ihrer Hutschachtel vorstreckte, wurde sie stutzig, weil Gepäckträger gewöhnlich nur zwei Arme und Hände haben. Sie drehte deshalb mit erstaunt hochgezogenen Augenbrauen den Kopf nach rechts und . . .
Wie gesagt, sie kannte Polly Plauz noch nicht und war, wie schon mehrfach erwähnt wurde, sehr nervös und deshalb auch sehr schreckhaft. Kein Wunder, daß sie bei Polly Plauzens Anblick in Ohnmacht sank. Erstaunlich dabei war aber, daß sie vorher noch ausrufen konnte: »Enrique, fang mich auf!«
Der Tänzer sagte, seiner Gewohnheit gemäß: »Ja, meine Liebe!« Er guckte dabei aber, seiner Gewohnheit gemäß, gar nicht hin.
So mußte Polly Plauz mit dem sechsten

Arm, der noch frei war, die umsinkende Tänzerin auffangen. (Arm sieben und acht brauchte sie ja, um sich auf den Beinen, vielmehr: auf den Armen oder sagen wir: um sich aufrecht zu halten.)
Natürlich war es für Polly, die Krake, ein bißchen ungewohnt, mit fünf Gepäckstücken und einer ohnmächtigen Tänzerin in sechs Armen dazustehen. Deshalb fragte sie in der ihr angeborenen bescheidenen Art: »Verzeihen Sie, Herr Enrique, könnten Sie nicht ein Gepäckstück übernehmen, zum Beispiel Ihre Frau? Ich habe nämlich nur sechs Arme zur Verfügung.«
Der Tänzer war schon im Begriff, »ja, meine Liebe« zu sagen, als ihm einfiel, daß seine Frau nur zwei Arme hatte, daß es also unmöglich seine Frau sein konnte, mit der er gerade gesprochen hatte.
Deshalb drehte auch er den Kopf wie zuvor seine Frau, allerdings nicht nach rechts, sondern nach links.
Als er nun die Krake entdeckte, die außer fünf Gepäckstücken auch noch seine Frau trug, erbot er sich sogleich bereitwillig, ebenfalls etwas zu tragen, und nahm das Köfferchen, das mit schottisch gemustertem Stoff bezogen war. Dann ging er voraus aufs Schiff, und Polly Plauz folgte ihm sanftmütig und leicht schwankend mit dem restlichen Gepäck.
So kam es, daß die Krake Polly Plauz sozusagen von einem Augenblick zum anderen eine Kofferkrake wurde, weil eine spanische Tänzerin nervös, zerstreut und schreckhaft und weil sie selbst so ungemein liebenswürdig von Natur war.
Damit ist die Geschichte, wie Polly Plauz eine Kofferkrake wurde, genaugenommen, zu Ende.

42 Zweiter Teil: Eine Geschichte ohne Ende

Daß Polly hinterher mit dem Tänzer-Ehepaar und dessen sechs Gepäckstücken durch ganz Europa reiste, lag einfach daran, daß keiner der drei seinen Charakter ändern konnte. Angela blieb zerstreut, Enrique hilfsbereit und unaufmerksam, und Polly konnte es einfach nicht mit ansehen, daß die beiden Leute ständig mit ihrem Gepäck in Hafen-, Bahnhofs- oder Flugplatzgegenden herumstanden.
Mit der Zeit besserte sich zwar das Verhältnis der drei zueinander; aber grundsätzlich blieb es, wie es am Anfang gewesen war. Frau Angela zuckte immer wieder zusammen, wenn auf Bahnhöfen oder Flugplätzen statt eines Gepäckträgers die Riesenkrake erschien und hilfsbereit sechs Arme ausstreckte. Immer wieder rief sie: »Enrique, kannst du nicht endlich einen Gepäckträger organisieren, damit wir dieses kolossale Weichtier loswerden?« (Daß Kraken Weichtiere sind, hatte sie im Lexikon nachgelesen.)
Stets antwortete Enrique, seiner Gewohn-

heit gemäß: »Ja, meine Liebe!« Aber wie stets unternahm er nichts, und Polly Plauz blieb gar nichts anderes übrig, als seufzend das Gepäck der beiden zu verfrachten, worin sie bald große Übung hatte. Sie legte sich im übrigen stets als Gepäckstück Nummer sieben dazu, um den Hals, vielmehr um den unteren Teil des Kopfes ein Schild gehängt, auf dem zu lesen stand:

Vorsicht! Künstlergepäck! Lebendes Tier!

Nicht unerwähnt bleiben soll, obwohl die Geschichte längst zu Ende ist, daß Enrique und Angela bald sehr bekannt wurden unter dem Namen »Die Tänzer mit der Kofferkrake«. Sie bekamen unter diesem Namen sogar mehr Geld als vorher, gaben aber auch viel Geld für die Ernährung von Polly Plauz aus, die einen sehr eigenen Geschmack hatte und zum Beispiel alles verschmähte, was nur entfernt nach Hering roch.
Nicht unerwähnt bleiben soll auch, daß Frau Angela ihrer Kofferkrake dreimal wöchentlich abgezähltes Geld in einen Fangarm drückte, damit sie ein Hallenbad, eine Badeanstalt oder notfalls auch ein Wannenbad besuchen konnte. (Denn Frau Angela hatte im Lexikon gelesen, daß Kraken normalerweise im Wasser leben.)
Trotz all dieser erfreulichen Kleinigkeiten kann man nicht behaupten, daß die drei miteinander glücklich geworden wären. Sie schickten sich nur, wie so viele Menschen, seufzend ins Unvermeidliche. In Wirklichkeit möchte Polly Plauz nämlich viel lieber im Atlantik leben und ab und zu auf die Mole von Casablanca klettern, vielmehr: steigen oder sagen wir: sich hinaufbegeben, statt ständig Artistengepäck zu schleppen. Aber da Polly, wie schon mehrfach erwähnt wurde, sehr liebenswürdig ist und da Enrique trotz immer neuer flehentlicher Bitten seiner sehr nervösen und zerstreuten Gattin nicht imstande ist, einen Gepäckträger heranzuholen, deshalb ergreift Polly Plauz als inzwischen gut trainierte Kofferkrake immer wieder die sechs Gepäckstücke, und so . . .
So ist es eine Geschichte ohne Ende – wie so viele Geschichten auf dieser komischen Erde.

43 Wenn die Möpse Schnäpse trinken

Wenn die
Möpse
Schnäpse
Trinken,
Wenn vorm
Spiegel
Igel
Stehn,
Wenn vor
Föhren
Bären
Winken,
Wenn die
Ochsen
Boxen
Gehn,
Wenn im
Schlafe
Schafe
Blöken,
Wenn im
Tal
Ein Wal
Erscheint,
Wenn in
Wecken
Schnecken

Stecken,
Wenn die
Meise
Leise
Weint,
Wenn
Giraffen
Affen
Fangen,
Wenn ein
Mäuslein
Läuslein
Wiegt,
Wenn an
Stangen
Schlangen
Hangen,
Wenn der
Biber
Fieber
Kriegt,
Dann
Entsteht zwar
Ein Gedicht,
Aber
Sinnvoll
Ist es
Nicht.

44 Im fernen Lande Lutschistan

Es steht im Lande Lutschistan
(Das ist im Fernen Osten)
Ein Pavillon aus Marzipan
Auf sieben Kandispfosten.

Man kommt zu diesem Pavillon
Auf Pferden und in Kutschen.
Denn einmal jährlich darf man von
Den Kandispfosten lutschen.

Die Lutschistaner, klein und groß,
Die pilgern zu den Pfosten,
Und augenblicklich geht es los,
Das Schlecken und das Kosten.

Das ist am letzten Faschingstag
Und macht dem Volk Vergnügen.
Denn jedermann, der will und mag,
Lutscht dann in vollen Zügen.

Die einen schlecken vorne und
Die andern an den Seiten.
Denn Kandiszucker ist gesund.
Das kann kein Mensch bestreiten.

Das Lutschen ist in Lutschistan
(Der Name sagt es) üblich.
Doch für das Haus aus Marzipan
Ist es im Grund betrüblich.

Denn lutscht man dort auch weiterhin
(Sei's auch nur einmal jährlich),
Dann lutscht man alle Pfosten dünn,
Und das ist recht gefährlich.

Ein dünngelutschter Pfosten kann
Als Pfosten kaum noch nützen
Und Pavillons aus Marzipan
Am Ende nicht mehr stützen.

Oft hört der Lutschistaner Zar
Darüber große Klagen.
Drum will der Zar im nächsten Jahr
das Lutschen untersagen.

O gute alte Tradition,
Dann ist's um dich getan;
Denn Lutschistan wird balde schon
Zu Nimmerlutschistan!

Fünfter Flug

Zum Königreich von Nirgendwo
oder
Die unbekannte Stadt Zimbale

Geschichten und Gedichte von seltsamen Orten und Leuten

45 Das Königreich von Nirgendwo

Das Königreich von Nirgendwo
Liegt tief am Meeresgrund.
Dort wohnt der König Soundso
Mit Niemand, seinem Hund.

Die Königin heißt Keinesfalls.
Sie ist erstaunlich klein,
Hat einen langen Schwanenhals
Und sagt beständig: Nein!

Und Keiner ist der Hofmarschall.
Er trinkt gern süße Luft.
Sein Haus (gleich neben Niemands Stall)
Besteht aus Kieselduft.

Die Köchin Olga Nimmermehr,
Die wohnt in Keiners Haus.
Sie putzt und werkelt immer sehr
Und kocht tagein, tagaus.

Am liebsten kocht sie Grabgeläut,
Mit Seufzern fein gemischt.
Das wird im Schloß zu Keinerzeit
Meist Niemand aufgetischt.

Oft macht die Katze Niemals hier
Zu Keinerzeit Tumult.
Dann sorgt sich Keiner um das Tier,
Und Niemand kriegt die Schuld.

Man schimpft ihn tüchtig aus und läßt
Ihn prügeln noch und noch.
Für Nimmermehr gibt's Hausarrest,
Und Keiner muß ins Loch.

Doch meist ist König Soundso
Sehr friedlich und human.
Drum liebt im ganzen Nirgendwo
Ihn jeder Untertan.

Ich selber ging mal seinerzeit
Zu einer Zeit im Mai
(Man tat so was zu meiner Zeit)
An Keinerzeit vorbei.

Das Meer war still. Und Keiner stand
Am Zaun, nach mir zu schaun.
Schloß Keinerzeit lag linkerhand
Und Niemand rechts am Zaun.

Das Königreich von Nirgendwo
Liegt tief am Meeresgrund.
Dort wohnt der König Soundso
Mit Niemand, seinem Hund.

46 Die unbekannte Stadt Zimbale

Kennt ihr die Stadt Zimbale,
Ihr Stadttor ganz aus Gold,
Den Silberfluß im Tale,
Der unterm Sonnenstrahle
Ins große Wasser rollt?

Ihr könnt die Stadt nicht kennen,
Den Fluß nicht, nicht das Tor,
Ihr könnt die Stadt nicht kennen,
Könnt nur den Namen nennen,
Befremdlich eurem Ohr.

Gelegen gegen Morgen,
Bleibt sie doch unbekannt.
Sie liegt im Meer verborgen.
Zimbale ohne Sorgen
Wird diese Stadt genannt.

Kein Mensch hat sie gesehen,
Er sei denn dort zu Haus.
Umsonst, dorthin zu gehen,
Wo ihre Häuser stehen.
Ein Zauber schließt dich aus.

Sähst du sie auch am Grunde:
Ihr Bild verfliegt, zerstiebt.
Nur eine ferne Kunde
Aus Wassermannes Munde
Zeigt an, daß es sie gibt.

Ich stelle mir Zimbale,
Das große goldne Tor,
Den Silberfluß im Tale,
Bei Nacht so manche Male
In meinen Träumen vor.

47 Das Tal Ramunde

Im Land der tausend Berge,
Da liegt ein großes Tal,
Da wohnen viele Zwerge,
Zweihundert an der Zahl.
Die Zwerge heißen Tüpfelfritz
Und Kipfelschnitz und Zipfelmütz.
Der höchste Berg heißt Gipfelspitz.
Ramunde heißt das Tal.

Es liegt im Tal Ramunde
Ein Garten, groß und grün.
Weithin auf seinem Grunde
Die schönsten Blumen blühn.
Die Blumen heißen Plustermohn
Und Schustersohn und Dusterkron.
Die schönste heißt Flibusterthron.
Der Gärtner heißt Herlin.

Der Gärtner pflegt die Blüten,
Die in Ramunde sind.
Die Zwerge aber hüten
Die Blumen vor dem Wind.
Die Winde heißen Brausewald
Und Lausekalt und Sausehald,
Der keckste Wind heißt Flausebald
Und Kai des Gärtners Kind.

Des Gärtners kleiner Bube
Hat einen roten Schal.
Er sammelt in der Stube
Die Kräuter aus dem Tal.
Die Kräuter heißen Mistelwurz
Und Distelfurz und Christelschurz
Und Fistelpurz und Quistelkurz
Und Abendsonnenstrahl.

Wer in das Tal will wandern,
Der nehm die Reiseschuh
Und zieh mit vielen andern
Kindern dem Tale zu.
Die Kinder heißen Liselott
Und Stieseltrott und Liebegott
Und Wieselflott und Kieselpott,
Und manches heißt wie du.

48 Der Traum vom Ei

Erster Teil: Der Gang zum Felsen

Ich ging im Traum durch einen blühenden Apfelgarten. Ein Römer aus der alten Zeit hielt meine Hand und führte mich einen sanften Abhang hinan. Er trug die Toga mit dem Purpursaum und schritt auf Sandalen, die von Stegen zwischen den Zehen gehalten wurden. Sein Name war, wie ich wußte, Claudius Claudianus.

Als die Bäume zurücktraten, schritten wir in einen ungeheuer blauen Himmel hinein. Doch wurde dann der Boden wieder eben. Der Himmel war wieder der Himmel, die Erde war wieder die Erde. Nun sah ich Frühlingsblumen, Krokusse und Primeln, und mitten zwischen den Blumen stand ein weißer Stein. Beim Näherkommen sah ich auf dem Steine schwarze chinesische Zeichen, und ich wußte, was sie bedeuteten. Als mich der Römer nach dem Sinn der Zeichen fragte, übersetzte ich:

»Ein Schlachtfeld, auf dem
Frühlingsblumen wachsen:
Mehr blieb nicht übrig von den
Träumen,
Die zweimal zehntausend geschlagene
Krieger träumten.«

Am Stein vorbei ging es nun wieder bergan. Die Blumen wurden spärlicher, die Gräser dürrer; dann hatten wir nur noch den nackten Fels unter den Sohlen. Aber hier roch es nach dem salzigen Meer und manchmal auch nach Wermut und Salbei.
In dieser karstigen Ödnis blieb mein freundlicher Führer stehen und sagte: »Nun finde den Weg allein. Es ist nicht mehr weit.«
So schritt ich, während er zurückblieb, weiter bergan. Doch hörte ich dabei den Claudius Claudianus Verse sprechen. Sie lauteten:

»In einer tiefen Bucht und tief
verborgen,
Liegt eine Insel, einsam, still und leer.
Sie wandelt Wogenprall in sanftes
Glucksen,
Und Felsen, welche steil vom Grund
aufwuchsen,
Schützen die Schiffe hier vor Sturm
und Sorgen
Und fassen freundlich ein das stille
Meer.«

Die Stimme des Dichters war, während ich mich von ihm entfernte, immer leiser geworden. Nun war sie verstummt; aber unter mir lag das Gedicht.
Ich stand auf hohen knochenbleichen

Felsen, die im Halbrund eine Bucht umfaßten. Der wolkenlose Himmel spiegelte sich unter mir im unbewegten blauen Wasser, und mitten in der Bucht lag eine Insel, einsam, grün und schön.

Als ich sie noch betrachtete, erhob sich in der Luft ein Rauschen, und aufblickend gewahrte ich einen großen Vogel. Zwar sah er einer Möwe ähnlich, doch war er viel, viel größer. Er trug ein großes rundes Nest in seinen Krallen, und in dem Neste lag ein großes Ei.

Die Flügel mächtig ausgebreitet, ließ sich der Vogel auf der Insel nieder, und da begann es mir vor den Augen zu flimmern, und vom besonnten Strande dampften Nebel auf, die Vogel, Nest und Ei für einen Augenblick verhüllten.

Aus diesem Nebeldampf erhob der Vogel sich nun wieder und flog davon; doch folgte ich ihm nicht mit meinem Blick; denn meine Augen wurden angezogen von dem Nest, das unter den sich lichtenden Schwaden wieder sichtbar wurde. Es war nun eine weiße marmorne Brunnenanlage mit Wasserröhren, wasserspeienden Tritonenmasken, steinernen Girlanden und einer marmornen Blumenkrone auf der Spitze, in der das Ei im Sonnenscheine ruhte.

Da es sehr still war in der Bucht, vernahm ich aus dem Ei ein Klopfen. Es war, als ob ein Vogeljunges im Inneren die Schale anpicke.

Wirklich zeigten sich gleich darauf Risse und Sprünge im Ei, es knackte und brach auf, und ein Junges bahnte sich durch die zerbrochene Schale den Weg ins Freie.

In diesem Augenblick begann es zu plätschern. Wasserstrahlen sprangen aus den Röhren und den Maskenmündern, und Wasser fiel, von Stufe zu Stufe geworfen, glitzernd auf die Insel hinab.

Nun erst sah ich, daß, was da auskroch, gar kein Vogeljunges war, sondern ein Menschenjunge, der, während er abwärtsturnte, wuchs und größer wurde. Er kletterte behend über den marmornen Zierat hinab auf den Boden der Insel, die währenddessen schon vom Wasser des Brunnens überflutet wurde. Der Junge hatte die unterste Stufe noch gar nicht erreicht, da watete er schon im Wasser, und es stieg so rasch an, daß es ihn bald bis zur Höhe der Achseln umfloß. Da legte sich der Junge flach aufs Wasser und schwamm mit kräftigen Stößen auf den Fuß des Felsens zu, von dessen Höhe ich ihm staunend zusah.

Inzwischen waren Insel, Brunnen und Ei schon von Wasser bedeckt. Nichts war mehr zu sehen als ein kleiner Strudel auf der Oberfläche. Der Junge aber schwamm stetig und ruhig auf den Felsen zu, und ich entdeckte, daß dieser junge Schwimmer niemand anders als ich selber war.

49 Zweiter Teil: Der Sturz vom Felsen

»Nun«, dachte ich – denn auch im Traume kann man denken –, »nun«, dachte ich, »da schwimme ich, wie ich als Junge schwamm, und das ist viele, viele Jahre her.« (Denn ich, der oben auf dem Felsen stand, war alt.)

Als ich den Schwimmer aus den Augen verlor, weil ein vorkragendes Felsstück ihn meinen Blicken entzog, beugte ich mich vom äußersten Rand des Felsens vor, verlor den Halt und stürzte in die Tiefe.

Doch fiel ich nicht hinab, wie etwa Steine fallen: Die Lüfte vielmehr trugen mich. Ich sank so langsam abwärts auf das Wasser, wie eine leichte Feder niederschwebt.

Da drehte ich mich schwebend um mich selbst und wandte mein Gesicht der Felswand zu, in der – fein untereinander – lauter Nischen waren, wie sie in alter Zeit den Einsiedlern zur Wohnung dienten.

In allen Nischen sah ich Menschen sich bewegen, die ich im Falle, weil ich langsam fiel, betrachten konnte.

Dies sah ich nacheinander in den Nischen: In der obersten machten sich junge Leute an einem vertäuten Zeppelin zu schaffen. Vor dem Zeppelin und vor den jungen Leuten stand eine Schar von alten Männern, und ich erkannte bei dem mittleren Manne unter Bart und Falten mein eigenes Gesicht.

Dann war's, als ob die Luft ein wenig dünner würde; denn ich fiel mit einemmal schneller. Vier Nischen lang fiel ich sehr rasch und sah doch, wie es oft in Träumen ist, alles sehr deutlich und genau. Erst sah ich braunbekuttete Mönche eine Klostermauer niederreißen, dann sah ich Männer in der Toga, wie der Dichter Claudius Claudianus sie getragen hatte, und ein Mann mit dem dunklen Gesicht der östlichen Mittelmeervölker predigte ihnen mit einem Kreuz in der Hand. Danach und darunter sah ich Frauen und Männer tücherumschlungen auf Marmorstufen sitzen, und ihnen zu Füßen trugen nackte junge Männer einen Wettlauf aus. Abermals eine Nische tiefer sah ich einen kleinen See, auf dem ein Prunkboot schwamm. Das Deck belebten Männer mit Lendenschurzen und Frauen mit durchsichtigen Gewändern, die alle etwas Kegelförmiges auf den Köpfen trugen.

Das Reizendste an diesen Nischen aber war, daß ich mich selbst in jeder dieser Gruppen suchen konnte, und ich ent-

deckte jedesmal mein Ebenbild. Als Mönch, der jene Klostermauern niederreißen half, hatte ich das Gesicht eines älteren Mannes unter der braunen Kapuze. Als Togaträger, der der Predigt lauschte, war ich ein Mann in seinen besten Jahren. Beim Wettlauf vor den Marmorstufen lief ich selbst als Jüngling mit. Auf dem Prunkboot aber war ich ein Knabe von vielleicht vierzehn Jahren, der mit einer wassergefüllten dünnen Schale aus Jade vor einer Dame kniete, die die Finger in das Wasser tauchte.

Als dieses Prunkboot mir nach oben aus dem Blick entschwand, weil ich ja niedersank, schwebte ich wieder langsamer hinunter in die große Bläue.

Ich sah nun einen stufenförmigen Tempelturm in einer Nische. Es war nur das Modell von einem Tempel, doch standen kleine lebendige Menschen davor, die Zottenröcke und Armspangen trugen. Hier fand ich mich, acht Jahre alt vielleicht, an der Hand eines Mannes im Vordergrund stehen, und ich sah mich Stufen hinaufstaunen, die in den Augen eines kleinen Menschenkindes wohl bis hinauf in den Himmel führten.

Dies sah ich gern, doch entschwand mir auch das aus den Augen, und in der nächsten Nische stand ein alter Ochsenkarren. Ein Mann und eine Frau in Fellen saßen auf dem Bock der Karre, und auf dem Schoß der Frau saß ich, vier Jahre alt vielleicht, gekleidet in ein Lammfell. Mit einem kleinen hohlen Kürbis, in dem wohl Erbsen oder Hirsekörner waren, rasselte ich, und dabei lächelten die Frau und der Mann mir freundlich zu.

Jetzt dachte ich im Traume – denn ich träumte ja, doch auch im Traume kann man denken –, jetzt dachte ich ein wenig ängstlich, wie denn dieser Sturz vom Fels wohl enden werde.

Da kam die letzte Nische in mein Blickfeld. Ein stark behaartes Menschenpaar stand dort, der Mann mit einer Keule, die Frau mit einem Bündel wilder Zwiebeln in der Hand. Auf dem Rücken der Frau, die ein Gazellenfell um ihren Nacken trug, sah ich das Gesicht eines kleinen Kindes aus dem Fell hervorlugen, das mich neugierig anschaute. Und dieses kleine Kind war ich.

Doch sahen wir uns nur für eine kurze Weile in die Augen. Dann nämlich sank ich nieder auf die Wasseroberfläche und tauchte langsam in das Wasser ein.

Zugleich aber stand ich, als träumte ich im Traum einen zweiten Traum, wieder hoch oben auf dem weißen Felsen über der Bucht.

Und als ich niedersah, sah ich mich selbst versinken, bis nur noch Kreise auf dem Wasser waren.
Als diese Kreise immer weiter auseinanderliefen, tauchte in der Mitte der Bucht die Insel wieder auf, so einsam, grün und schön, wie sie am Anfang gewesen war. Doch hörte ich auch wieder Flügelrauschen und sah aufblickend wieder jenen großen Vogel, der wie zuvor ein Nest mit einem Ei in seinen Krallen trug.
Er ließ sich wieder auf der Insel nieder, flog wieder fort, und wieder dampften Nebel, und aus den Schwaden tauchte wieder jener Marmorbrunnen auf, in dessen steinerner Blumenkrone auf der Spitze wieder das Ei im Sonnenschein lag. Und wieder, weil es so still war in der Bucht, hörte ich das Pochen aus dem Inneren des Eies. In diesem Augenblick jedoch stand plötzlich Claudius Claudianus an meiner Seite, nahm meine Hand und sagte: »Komm, du hast genug gesehen.«
So schritt ich mit dem Dichter in der Toga wieder abwärts durch die karstige Ödnis, kam wieder auf die frühlingsbunte Wiese und endlich wieder in den Apfelgarten.
Doch immerfort hörte ich, während wir uns von der Bucht entfernten, hinter mir klar und deutlich, wie es im Inneren des großen Eies pochte und pochte.

50 Die Schildkröte Pia Maria

Die Schildkröte Pia Maria,
Die lebt seit vergangenem Mai
Am Strande von Santa Lucia,
Beschäftigt mit Feinstrickerei.

Auf sieben geschliffenen Kieseln
Hockt Pia und häkelt und strickt.
Sie läßt sich vom Regen berieseln
Und schwitzt, wenn die Hitze sie drückt.

Sie strickt mit den vorderen Pfötchen,
Doch oft mit den hinteren auch.
Sie schlingt mit dem Schwanze die Knötchen
Und bügelt famos mit dem Bauch.

Sie häkelt entzückende Deckchen
Aus feinstem australischem Garn,
Sie strickt für die Maultiere Söckchen
Aus Kokosnußfaser und Farn.

Erst kürzlich hat Sophie, die Alte,
Die Seekuh, für schrecklich viel Geld
Ein Seekleid mit Gürtel und Falte
Bei Pia Maria bestellt.

Da holte sich Pia vom Meere
Ein Bündelchen Seegras ans Land
Und nähte mit Nadel und Schere
Ein herrliches Seekuh-Gewand.

Mit Pfeffer und andren Gewürzen
Bestickte Frau Pia das Kleid,
Begann dann, die Falte zu schürzen,
Und machte den Gürtel sehr weit.

Die Seekuh verging vor Entzücken.
Sie drehte und spreizte sich sehr.
Bewundert von staunenden Blicken,
Entschwand sie laut schnaufend ins Meer.

Sie wiegte sich stolz in den Hüften
(Soweit eine Seekuh das kann)
Und schwamm dann, umgeben von Düften,
Zum Walroß hinab, ihrem Mann.

Seitdem kommen alle Insassen
Des Meeres zu Pia an Land,
Und Pia, die näht nun in Massen
Das herrliche Seekuh-Gewand.

Am Strande von Santa Lucia
Da näht sie und müht sich gar sehr.
Wahrscheinlich wird Pia Maria
Durchs Nähen demnächst Millionär.

51 Die sonderbare Stadt Tempone

Kennt ihr schon die Stadt Tempone,
Wo Prinz Rückwärts residiert?
Es ist seltsam und erstaunlich,
Was tagtäglich dort passiert.

Jeden Abend geht die Sonne
Ganz genau im Norden auf.
Und der Mond beginnt im Süden
Und am Morgen seinen Lauf.

Nachts holt man sich dort zum Frühstück
Frische Semmeln aus dem Mund,
Legt sie fein auf einen Teller,
Und dann gibt man sie dem Hund.

Bücher liest man dort vom Ende
Bis zum Anfang mit Genuß.
Und dann bringt man sie dem Händler,
Der das Buch bezahlen muß.

Mit dem Auto fährt man rückwärts.
Wenn man das Benzin vergißt,
Tut man recht, denn man muß tanken,
Wenn die Fahrt zu Ende ist.

Bäume fallen dort vom Himmel
Bei besonders starkem Wind.
Und sie werden immer kleiner,
Bis sie nur noch Samen sind.

Beim Gewitter springen Blitze
Von der Erde in die Höh.
Und bei Regen ziehn die Wolken
Dicke Tropfen aus dem See.

Kinder, die geboren werden,
Sind gewöhnlich siebzig Jahr,
Haben schlechte, braune Zähne
Und natürlich graues Haar.

Solche Kinder können rechnen,
Schreiben, lesen und noch mehr,
Und am Herd fällt diesen Kindern
Auch das Kochen gar nicht schwer.

Doch sie werden täglich jünger:
Sechzig, fünfzig, vierzig Jahr.
So verlernen sie allmählich
All ihr Können ganz und gar.

Auch ein Schulhaus soll es geben.
Das ist seltsam wie sonst keins.
Für die größten Albernheiten
Kriegt ein Kind dort eine Eins.

Kürzlich sprach ich mit dem Sohne
Eines alten Stadtgeschlechts.
Danach liegt die Stadt Tempone
Hinterm Monde – ziemlich rechts.

52 Die kluge Frau Januzis

In einer Stadt in Griechenland,
Da hinkte Frau Januzis
Mit einem Absatz in der Hand
Und fragte: »Puh papuzis?«
Es war zur sechsten Abendstund
Und schon ein wenig duster.
Sie fragte: »Puh papuzis?« Und
Das heißt auf deutsch: Wo Schuster?

Sie ging auf einem Absatz nur,
Die arme Frau Januzis.
Es wurde langsam sieben Uhr.
Sie fragte: »Puh papuzis?«
Sie fragte, wo ein Schuster wär,
Zur Rechten oder Linken.
Sie mußte weiter kreuz und quer
Die kleine Stadt durchhinken.

Doch fand sich, ach, kein Schuster für
Die arme Frau Januzis.
Sie ging umsonst von Tür zu Tür
Und fragte: »Puh papuzis?«
Es wurde neun, es wurde zehn,
Es wurde zappenduster.
Doch nirgends war ein Schild zu sehn
Von irgendeinem Schuster.
Am Ende war sie schrecklich matt,
Die arme Frau Januzis.
Sie fragte in der kleinen Stadt
Nicht weiter: Puh papuzis?
Sie setzte sich auf eine Bank,
Massierte sich die Beine,
Besann sich zehn Minuten lang
Und half sich dann alleine.

Sie nahm den zweiten Schuh, schwipp-schwapp,
Die kluge Frau Januzis,
Und riß auch dessen Absatz ab,
Als wär sie ein papuzis.
Sie ging auf Sohlen weiter fort.
Und das verdenkt ihr keiner.
Denn gar kein Absatz (auf mein Wort)
Ist besser als nur einer!

53 Der Zauberer Korinthe

Es lebte einst der Zauberer
Kori, Kora, Korinthe.
Der saß in einem Tintenfaß
Und zauberte mit Tinte.

Wenn jemand damit Briefe schrieb
Und schmi und schma und schmollte,
Dann schrieb er etwas anderes,
Als was er schreiben wollte.

Einst schrieb der Kaufmann Steenebarg
Aus Bri, aus Bra, aus Bremen
An seinen Sohn in Dänemark:
»Du solltest dich was schämen!«

Doch als der Brief geschrieben war
Mit Schwi, mit Schwa, mit Schwunge,
Da stand im Brief: »Mein lieber Sohn,
Du bist ein guter Junge!«

Da schmunzelte der Zauberer
Kori, Kora, Korinthe
Und schwamm durchs ganze Tintenfaß
Und trank ein bißchen Tinte.

Ein andermal schrieb Archibald,
Der Di, der Da, der Dichter:
»Die Rosen haben hierzuland
So zärtliche Gesichter.«

Er hat von Ros- und Lilienhaar
Geschri, geschra, geschrieben.
Doch als das Liedchen fertig war,
Da sprach es nur von Rüben.

Da schmunzelte der Zauberer
Kori, Kora, Korinthe
Und schwamm durchs ganze Tintenfaß
Und trank ein bißchen Tinte.

Einst schrieb der Kaiser Fortunat
Mit Si, mit Sa, mit Siegel:
»Der Kerl, der mich verspottet hat,
Kommt hinter Schloß und Riegel!«

Doch hinterher, da stand im Brief
Vergni, vergna, vergnüglich:
»Der Kerl, der mich verspottet hat,
Der dichtet ganz vorzüglich!«

Da schmunzelte der Zauberer
Kori, Kora, Korinthe
Und schwamm durchs ganze Tintenfaß
Und trank ein bißchen Tinte.

Und wenn ihr dies nicht glauben wullt
Vom Schri, vom Schra, vom Schreiben,
Dann seid ihr schließlich selber schuld
Und laßt es eben bleiben.

54 Eldorado

So hin wie her,
So kreuz wie quer
Ritt Ritter Schenck von Schadow
In Sonne und
Durch Schattengrund
Zu suchen Eldorado.

Doch er ward alt,
Müd die Gestalt
Des Ritters Schenck von Schadow.
Müd ward das Herz;
Ach, nirgendwärts
Sah er sein Eldorado.

Alt, ohne Kraft,
Den Leib erschlafft,
Traf Ritter Schenck von Schadow
Ein Schattenbild
Und fragte mild:
»Sagt, wo liegt Eldorado?«

»Hinter dem Mond,
Auf Bergen thront,
O Ritter Schenck von Schadow,
Das Land so weit.
Reit weiter, reit!«
So sucht man Eldorado.

Nach dem englischen Gedicht
von Edgar Allan Poe

Sechster Flug

Zum Pavillon aus Porzellan
oder
Der Garten des Herrn Ming

Geschichten und Gedichte aus Asien

55 Kleine Gedichte aus Asien

Ein Schlachtfeld

Ein Schlachtfeld, auf dem Frühlingsblumen wachsen:
Mehr blieb nicht übrig von den Träumen,
Die zweimal zehntausend geschlagene Krieger träumten.

Nach dem japanischen Gedicht
von Basho

Südlich der Festung, nördlich der Mauer

Südlich der Festung fochten sie.
Nördlich der Mauer starben sie.
Sie starben unbeerdigt im Moor.
Ihr Fleisch ward Krähenfutter.

Nach dem chinesischen Gedicht
von Ch'ü Yüan

Ungewisser Sommer

Fühlst du diese
Kühle Brise,
Wo das Flüßchen fließt?
Es ist Abend.
Doch sie baden.
Ob wohl Sommer ist?

Nach dem japanischen Gedicht
von Kariu

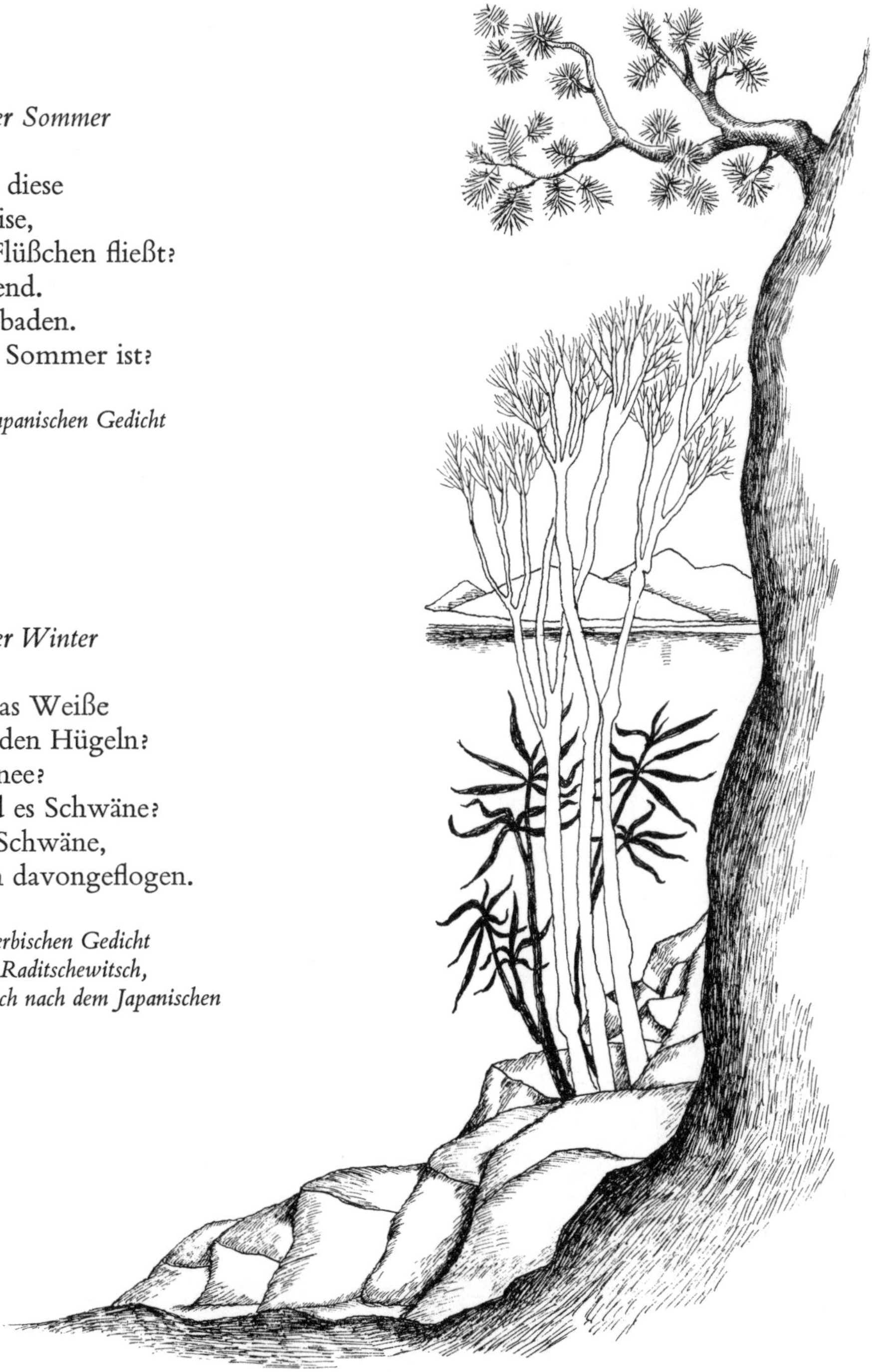

Ungewisser Winter

Was ist das Weiße
Dort auf den Hügeln?
Ist es Schnee?
Oder sind es Schwäne?
Wären's Schwäne,
Sie wären davongeflogen.

Nach dem serbischen Gedicht
von Branko Raditschewitsch,
wahrscheinlich nach dem Japanischen

56 Wunsch eines Vaters

Kinder, die geboren werden,
Wünscht ein Vater sich gescheit.
Ich, gescheitert durch Gescheitheit
In so langer Lebenszeit,
Hoffe, daß mein Söhnchen dumm bleibt,
Bis es schließlich – unbeirrt
Von Vernunft und Wissenschaften –
Hof- und Staatsminister wird.

Nach dem chinesischen Gedicht
von Su Tung-p'o

57 An Liu Ja Dse

Vers um Vers schriebst du beim Tee
Einst mit mir im Herbst am See.
Zeit ging hin, und Herbst ist heut,
Und dein Brief kam, Liu Ja Dse.

Du bist, schreibst du, schwer von Leid,
Und du schreibst, flach sei der See.
Doch nun zeigt er – denk doch weit –
Dir den Fisch ganz in der Näh.

Nach dem chinesischen Gedicht
von Mao Tse-tung

58 Der Pavillon aus Porzellan

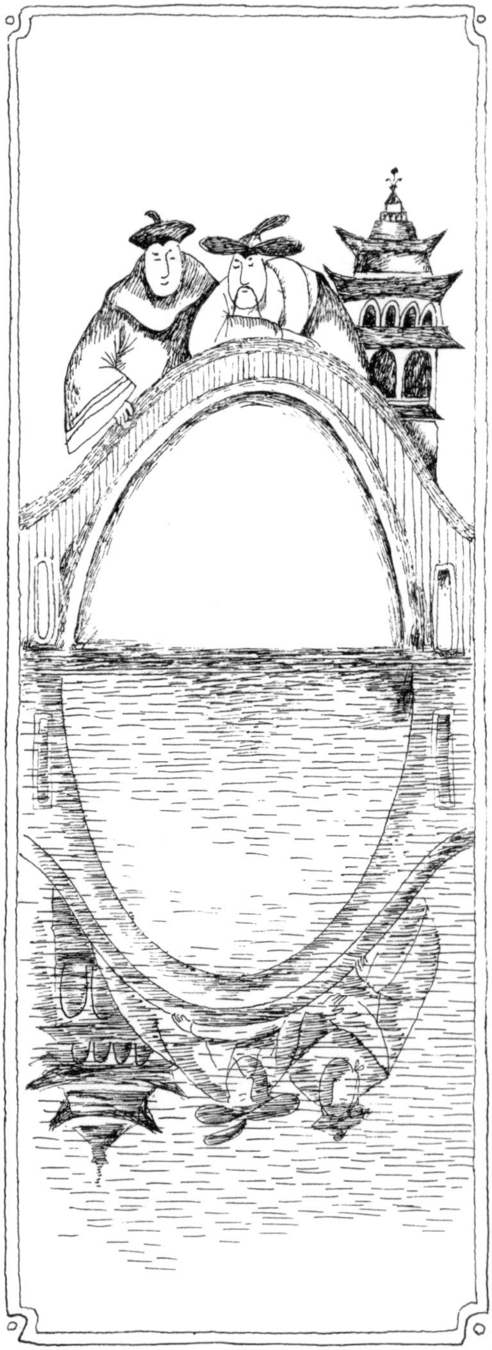

Da schaut im kleinen Teiche
Sich selber lustig an
Ein Pavillon aus weißem
Und grünem Porzellan.

Und eine Brücke wölbt sich,
Dem Tigerrücken gleich,
Vom weißen Marmorufer
Zum Pavillon im Teich.

Da plaudern gute Freunde,
Mit Seide angetan.
Und manche schreiben Verse
Im Haus aus Porzellan.

Die Seidenärmel schaukeln
Im leichten Verseschritt,
Und Seidenmützen wippen
Im Nacken lustig mit.

Doch unten in dem Wasser,
So hell und silbermild,
Steht alles auf dem Kopfe
Im blanken Spiegelbild.

Die Jadebogenbrücke
Ist einem Halbmond gleich.
Kopfstehend plaudern Freunde
Im spiegelglatten Teich.

Sie schaun vom Teich kopfüber
Sich selber freundlich an
Im Pavillon aus weißem
Und grünem Porzellan.

Nach dem Chinesischen Gedicht
von Li Tai Po

59 Tschang O oder Die Gärten unter dem Meer

Erster Teil: Die Gärten

In alter Zeit, erzählt man sich in China, habe Fu Hi, der Erfinder der Netze und Reusen, den Menschen den Atem vergiftet, so daß sie nicht singen und, wenn sie sprachen, nur zischen konnten. So sagten sie, wenn sie sich schlafen legen wollten, nicht wie heute schui, sondern nur: sch.

In jener Zeit fuhr eine Dschunke, die trotz des Segels auch mit Ruderern besetzt war, von der Küste Kantons zur Insel Palawan, die damals P'L'W'N hieß. Dabei geschah es, daß einer der Ruderer (die Sträflinge waren und die man mit Ketten an die Bänke geschlossen hatte) von der Hitze und Anstrengung ohnmächtig wurde.

Der Aufseher im Bug brüllte in jener zischenden Art zu reden, die Fu Hi den Menschen auferlegt hatte: »Stell dich nicht an! Weitermachen, Halunke!« Und er schlug mit der Peitsche nach dem Sträfling. Aber obwohl die Haut der rechten Wange dadurch platzte, wachte der Sträfling nicht aus seiner Ohnmacht auf.

Der Aufseher wollte ein zweites Mal zuschlagen, als der Kaufherr, dem die Dschunke gehörte, ihn daran hinderte.

»Schlag ihn mir nicht zuschanden!« rief er ärgerlich. »Ich muß der Kaiserlichen Rechnungskammer Mietgeld für ihn zahlen.«

»Der wird Euch bis zur Insel Palawan nichts mehr nützen«, erwiderte der Aufseher. »Wenn er wieder kräftig rudern soll, müßt Ihr ihn drei Wochen lang päppeln. Besser ist, Ihr werft ihn ins Meer. Dann habt Ihr einen Esser weniger an Bord; und für einen Toten zahlt Ihr dem Kaiser kein Mietgeld.«

Die übrigen Sträflinge murrten nach den Worten des Aufsehers. Aber als der mit seiner siebenschwänzigen Knotenpeitsche wahllos auf sie einschlug, duckten sie sich, schwiegen und ruderten zähneknirschend weiter. Der Aufseher gab dabei wieder den Takt der Ruderschläge an: »Aaains und ... zwaaai und ... aaains und ... zwai.«

Inzwischen überlegte der Kaufherr, was er mit dem immer noch ohnmächtigen Sträfling anfangen solle. Ihn in das Meer zu werfen, wie der Aufseher es vorgeschlagen hatte, wagte er nicht. Das hätte die übrigen Sträflinge trotz der Ketten und der Peitsche in Zorn versetzt. Zornige Leute aber sind auch in Ketten schlechte Ruderer.

Zufällig fiel der Blick des nachdenkenden Kaufherrn auf eine Gruppe ausge-

brannter Vulkane, die wie Kegelspitzen aus dem Meer aufragten und sichtlich unbewohnt waren. Da fiel ihm ein Ausweg ein.

Er befahl, die dem Schiffahrtsweg abgekehrte Seite der hintersten Insel anzurudern und den Ohnmächtigen dort auszusetzen.

»Auf der Nordseite ist er vor der sengenden Sonne geschützt«, sagte der Kaufherr. »Vielleicht finden wir ihn gesund und wohlauf wieder, wenn wir in vierzig Tagen hier abermals vorbeikommen.«

Unter den rudernden Sträflingen erhob sich zum Ärger des Aufsehers ein beifälliges Murmeln. Sie glaubten, der Kaufherr habe den Befehl aus purer Menschenfreundlichkeit gegeben. Aber der schlaue Krämer hatte sich nur überlegt, daß an der Nordseite der Insel niemals ein Schiff vorüberfahren und der Kranke dort hilflos umkommen werde. Also würden sie auf der Rückreise einen Toten vorfinden, und jedermann auf dem Schiff würde den Tod bezeugen können. Das Mietgeld für einen Ruderer wäre dadurch eingespart; denn für tote Sträflinge – da hatte der Aufseher recht – zahlte man dem Kaiser kein Mietgeld.

Natürlich behielt der Kaufherr diese Überlegungen für sich. Er gab dem Ohnmächtigen sogar, als der Aufseher ihn losgekettet und auf die Insel hatte tragen lassen, ein Brot als Vorrat mit, und das Murmeln der übrigen Sträflinge bewies ihm, daß seine Schläue für Gutherzigkeit gehalten wurde, was ihn freute.

Kurz darauf setzte die Dschunke ihre Reise nach Palawan fort, und der ausgesetzte Sträfling blieb allein in tiefer Ohnmacht am Fuß des Inselberges liegen, wo er die ganze warme Sommernacht hindurch nicht aufwachte.

Als er endlich die Augen aufschlug, traute er ihnen nicht. Er schloß sie sogleich wieder; denn was er zu sehen und zu hören vermeint hatte, war viel zu schön, um Wirklichkeit zu sein. »Ich träume«, dachte er, »ganz gewiß träume ich nur.«

Aber als er die Augen abermals öffnete, sah er dasselbe wie zuvor, nämlich einen blühenden Mandelbaum, auf dessen Zweigen kleine bunte Vögel saßen und sangen. Er hatte sie die ganze Zeit schon singen gehört. Nur hatte er den Gesang für Traummusik gehalten.
Jetzt merkte er, daß er nicht träumte und daß die Vögel, der Baum und die Töne Wirklichkeit waren. Er richtete langsam seinen Oberkörper auf, stützte sich auf die Ellenbogen und fragte, ganz in Gedanken: »Wo bin ich?«
Die Antwort, die er erhielt, war ebenso reizend wie unerwartet. Jemand sang:

»Hier liegst du, Freund,
Schau hin, schau her,
In den blühenden Gärten
Unter dem Meer.«

Der Sträfling, der aus dem Lande ohne Lieder kam, aus dem Lande der zischenden Rede, die Fu Hi, der Netzeknüpfer, über die Menschen verhängt hatte, der Sträfling mit dem ungebildeten Munde, der aus dem wilden Süden Chinas kam, verstand die Antwort, ohne sich zu wundern. Er wandte den Kopf und sah an seiner Seite ein schönes junges Mädchen stehen, das lächelte.
Da lächelte er auch und fragte singend, ohne daß ihn sein tönender Atem erstaunte:

»Wie aber kam ich, schönes Kind,
Unter das Meer, wo die Gärten sind?«

Das Mädchen, immer noch lächelnd, zuckte die Schultern. Also fragte der Sträfling:

»Wie kann das sein: Dort oben ist Schaum
Und hier unten ein blühender Mandelbaum?«

Das Mädchen zuckte abermals die Schultern, hörte aber nicht auf zu lächeln.
So ging es eine Weile fort: Der Sträfling stellte Fragen, aber das Mädchen zuckte die Schultern, ohne zu antworten.
Da erhob der Sträfling sich endlich, der Fragen überdrüssig, aus dem Grase. Er fühlte sich leicht und frei von allen Schmerzen. Als das Mädchen ihn bat, sie zum Tanz zu begleiten (immer in dieser singenden Redeweise), ging er ohne Zögern mit.
Sie schritten über weichen Rasen, in dem alle Sorten Frühlingsblumen blühten. Die Luft war mailich, und Lämmerwölkchen, eins am andern, betupften den Himmel, als wär's eine Stickerei.
Doch überall begrenzten Hecken die Schritte und Blicke, und so erschien der Rasen, in dem in gefälligen Abständen Bäume gesetzt waren, wie eine Flucht unendlich vieler Gärten.
In einem etwas größeren Heckenrund tanzten Mädchen und Burschen einen Reigentanz, in den der Sträfling und seine Begleiterin sich einreihten. Es war ein leichter lustiger Tanz, dessen Schritte der

Sträfling sogleich begriff. Er tanzte so heiter wie nie zuvor in seinem Leben. Ihm war, als habe er bis zu diesem Tage nur gelebt, um endlich diesen Tanz tanzen zu können, so glücklich war der Mann.
Er tanzte bis fast zum Umfallen, wurde danach mit Mandelmilch und Granatapfelkuchen bewirtet und schlief in einer Hängematte zwischen Tulpenbäumen bei wunderschönen Träumen ein.
Als er am nächsten Morgen erwachte, brachte ein Mädchen, das er noch nicht gesehen hatte, ihm frische Feigen, jede in ein Feigenblatt gewickelt, und sprang dann lächelnd wieder davon.
Der Sträfling aß die Feigen, die er brach, aus ihren Schalen und wanderte dann durch die Gärten tatenfroh in den Tag hinein. Wer immer ihm begegnete, lächelte ihm zu. Kinder sah er nicht, auch keine alten Leute, nur junges Volk, das reizend anzusehen war.
Doch gegen Mittag, als er immerzu durch Gärten gewandert war, regte ein leiser Überdruß sich in dem Mann und wurde langsam immer stärker: Hier lächelte alles, und alles war schön, und immerfort sangen die Vögel, und die Gärten schienen nicht Anfang noch Ende zu haben.
»Gibt es denn nichts als Gärten hier?« fragte er singenden Tonfalls einen jungen Mann, der ihm begegnete.

»Nur Tanz und Spiel
Und Gärten viel«,

bekam er zur Antwort.

»Und wo hinaus
Find ich ein Haus?«

fragte der Sträfling.
Der junge Mann deutete zur Antwort, scheu lächelnd, in eine etwas unbestimmte Richtung und ging nach einem flüchtigen Abschiedsgruß hastig weiter.
Der Sträfling schlug die Richtung ein, von der er glaubte, sie sei gemeint, und kam nun an einen größeren Garten, den er in seiner ganzen Tiefe durchschritt, bis lockere Hecken wieder einen neuen Garten abgrenzten und jenseits dieses Gartens abermals ein neuer Garten kam.
Aber im vierten, fünften oder auch sechsten Garten wurde es ein wenig dunkler, weil die Bäume hier dichter standen, und am Ende dieses Gartens war eine Dornenhecke, die undurchdringlich schien.
»Wenigstens gibt es ein Ende«, seufzte der Sträfling. Aber in diesem Augenblick sah er zu seiner Rechten ein Mädchen aus der Hecke treten, und als er zu der Stelle ging, an der sie erschienen war, bemerkte er, daß es eine Lücke in der Hecke gab und daß hinter ihr wieder ein neuer Garten sich auftat.
Mit einem Seufzer trat er durch die Heckenlücke ein, blieb dann aber überrascht stehen: Er vermeinte, zwei Pagoden zu sehen. Erst als er näher ging, erkannte er, daß die vermeintliche Pagode linker Hand eine riesige Schildkröte mit hochgewölbtem Rückenpanzer war und das gewendelte Ding daneben eine ungeheuer große Muschel mit der Spitze nach oben. In das Gehäuse dieser Muschel führte eine Treppe.

60 Zweiter Teil: Das Muschelhaus

Beherzt schritt der Sträfling auf die Muschel zu und fand über dem Eingang einen Spruch, gemalt in chinesischen Zeichen. Er lautete:

Wie lange noch willst du wandeln
Unter den Mandelbaumblüten?
Willst du die Mandeln reifen sehen,
Tritt ein!

Der Sträfling, nicht unbewandert in chinesischen Gedichten, verstand den Sinn und sagte: »Ich möchte die Mandeln reifen sehen.«
Da rief eine Stimme: »Tritt ein.«
Also stieg der Sträfling die Stufen hinauf und kam in einen Saal, in dem eine alte Frau in einem Schaukelstuhl saß und ein Netz knüpfte.
»Tschang O!« rief er überrascht, zwar immer noch mit tönendem Atem, aber nicht mehr singend.
Die Alte sah auf und fragte: »Woher kennst du mich?«
»Bei uns zu Haus steht ein hölzernes Bildnis von dir. Da bist du jünger, aber es ist dasselbe Gesicht.«
»Gut beobachtet, junger Mann. Komm näher und setz dich.«
Der Sträfling ließ sich auf einem hohen viereckigen Polster in der Nähe der alten Frau nieder und fragte: »Wieso ...?«
Ehe er seine Frage aussprechen konnte, unterbrach ihn Tschang O. Sie sagte: »Ich kann dir Antwort geben auf manches Wieso, Fremdling; aber wenn du die Antwort gehört hast, mußt du die Gärten verlassen. Dann wirst du wieder auf dem Felsen ausgesetzt, und die Dschunke wird kommen. Man wird dich wieder in Ketten legen, und du wirst wieder rudern und die Peitsche schmecken müssen. Überleg es dir also gut, ob du hierbleiben oder nach oben zurückkehren willst. Entscheidest du dich, hierzubleiben, dann stelle keine Fragen mehr.«
Der Sträfling dachte eine Weile nach. Er fürchtete die Dschunke. Hier in den Gärten lebte es sich leichter. Aber das ewige Blumenleben ohne Fragen fürchtete er auch.
Als er noch immer am Überlegen war, sagte Tschang O: »Wer so lange nachdenkt wie du, Fremdling, braucht eine Welt, die man erklären kann. Frag also, und dann kehr zurück nach oben.«
Da stellte der Sträfling die erste Frage: »Wo bin ich?«
»In den Gärten unter dem Meer.«
»Und was sind das für Gärten?«
»Hier gibt es keine Kinder, keine Alten – außer mir – und keinen Tod.«

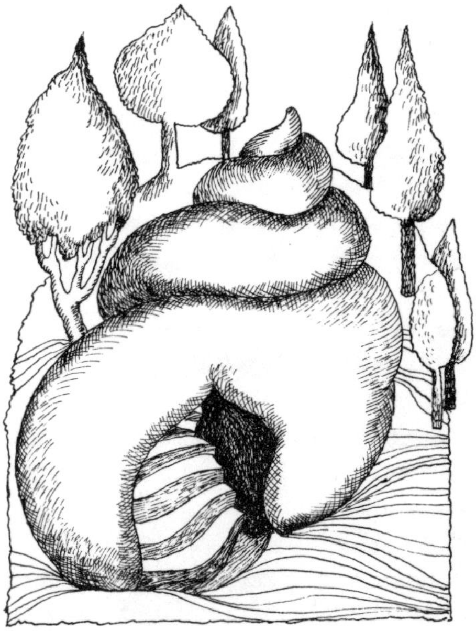

»Hier ist man also ewig jung?«
»Ja, ewig!«
Den Sträfling überlief eine Gänsehaut nach dieser bündigen Antwort. Doch nahm er sich zusammen und fragte: »Was tust du hier, Tschang O?«
»Ich schlichte Streitigkeiten, doch sie kommen selten vor.«
»Und wie schlichtest du sie?«
»Ich behaupte, daß es mir weh tut, wenn sie sich streiten. Und da sie meinen, sie brauchen mich, lassen sie es sein.«
»Und brauchen sie dich denn?«
»Das weiß ich nicht. Ich weiß nur, es hat immer jemand in der Muschel gesessen.«
»Und wer wird nach dir in der Muschel sitzen?«
»Der erste von den jungen Leuten, der mir Fragen stellt. Er wird dann altern so wie ich, während ich sterbe, und er wird sterben dürfen, wenn ein andrer Fragen stellt.«
»Und wie alt bist du?«
Tschang O ließ ihre Knüpfarbeit sinken, dachte eine Weile nach und antwortete: »Immer wenn die Schildkröte nebenan den Kopf herausstreckt, sind zweitausend Jahre vergangen. Ich habe den Kopf fünfmal hervorkommen sehen.«
»Dann bist du ja zehntausend Jahre alt, Tschang O!«
»So sagt man bei euch in der Oberwelt. Und nun hast du genug gefragt. Du mußt auf den Felsen zurück.«
»Aber wie denn?«
Tschang O lächelte und antwortete: »Du liegst am Rande des Felsens und spiegelst dich im Wasser. Ich habe dich vertauscht. Schau!«
Die alte Frau stand auf und löste eine Reisstrohmatte von der Wand. Darunter war ein Spiegel, und in dem Spiegel sah der Sträfling sich selbst auf dem Felsen unterhalb des Vulkankegels liegen.
Doch schlug sein Spiegelbild in diesem Augenblick die Augen auf, räkelte sich, gähnte und sagte: »Tauschen wir!«
Entsetzt sah der Sträfling sich selbst auf sich zukommen, seinen eigenen Körper, sein eigenes Gesicht, und dann, als er sich selbst ganz nah war, Aug in Aug, hörte er Tschang O rufen: »Leb wohl, Fremdling, und sprich nicht von den Gärten!«
Dann hörte er sie sagen: »Schatten, tritt ein!«
Nun war es wie ein Nebel um ihn her, und er wurde unendlich müde. Er spürte nicht mehr, daß hinter ihm wieder die Reisstrohmatte an die Wand gehängt wurde; und er sah nicht, daß vor ihm hinter einer Felsnase eine Dschunke auf dem blauen Meer erschien.

Die Dschunke, die da kam, war natürlich jene, die mit dem Kaufherrn von Palawan zurückgekehrt war und genau auf den Platz zusteuerte, an dem der Sträfling in der Sonne lag.
Der Kaufherr und sein Aufseher waren überzeugt, auf der Vulkaninsel einen Toten vorzufinden. Deshalb staunten sie beide nicht wenig, als sie durch das Fernglas einen wohlgenährten Mann dort liegen sahen, der im Halbschlaf mit einer Hand den Fliegen wehrte.
Noch mehr aber staunte der Sträfling selbst, als ein Ruf des Aufsehers ihn weckte. Er sprang, noch schlaftrunken, auf die Beine, winkte fröhlich und rief in der zischenden Art, in der er zeitlebens geredet hatte (außer in den Gärten): »Da seid ihr ja!«
Man ließ ihn hochverwundert einsteigen, kettete ihn an die Bank, gab ihm sein großes Ruder in die Hand und fuhr um den Vulkan herum den Weg zurück, den man vierzig Tage zuvor gekommen war. Was dem Kaufherrn, dem Aufseher und den anderen Sträflingen dabei auffiel, war die Heiterkeit des Ausgesetzten und die Mühelosigkeit, mit der er ruderte.
»Wovon hast du dich eigentlich vierzig Tage lang ernährt?« konnte der Kaufherr sich nicht enthalten zu fragen.
»Vierzig Tage lang?« fragte der Sträfling verwundert zurück. »War ich denn vierzig Tage lang in den ...« Er verbesserte sich: »... auf dem Vulkan? Mir war es, als wären nur ein Tag und eine Nacht und noch ein Tag vergangen.«
»Wie sollten wir in zwei Tagen nach Palawan gefahren und zurückgekommen sein?« knurrte der Aufseher. Es ärgerte

ihn, daß der Kaufherr mit einem Sträfling ein Gespräch führte.
Der Sträfling antwortete darauf nichts. Es war so sonderbar, daß er vierzig Tage lang in den Gärten unter dem Meer gewesen sein sollte, obwohl es dort nur einmal Nacht geworden war. Schließlich aber gab er doch eine Antwort und sagte: »Mir ist Tschang O einmal im Traum erschienen. Vielleicht war das gar kein Traum, o Herr. Wie sollte man sonst erklären, daß ich vierzig Tage lang von einem Brot gelebt und Tag und Nacht nicht unterschieden habe?«
»Tschang O, die Mondfee, ist für alle Leute, die am Wasser leben, eine große Dame«, sagte der Kaufherr. »Solltest du ihr Wohlwollen haben, Sträfling, dann liegst du nicht mehr lange in Ketten.«
»Wenn ich nicht mehr in Ketten liege, sollt Ihr ein Herr an meinem Hofe sein«, antwortete der Sträfling.
»An deinem Hofe, Schuft?« rief spöttisch

der Aufseher und schwang die Peitsche. »Dir will ich zeigen, wer der Herr ist!« Schon wollte er die Peitsche auf den Ruderer niedersausen lassen, als ihm der Kaufherr in den Arm fiel und ausrief: »Bist du von allen guten Geistern verlassen, Aufseher? Der da steht unter dem Schutze von Tschang O!« Er riß dem Aufseher die Peitsche aus der Hand und warf sie in das Meer.

Seit diesem Tage hatte der Kaufherr fröhliche Ruderer, und eines milden Spätnachmittags, als das Meer glatt war, begann der ausgesetzte Ruderer zu singen und mit tönendem Atem die Worte zu bilden, die er sang. Sein Lied lautete:

»Wo tauchte ich ein
In die Sprenkel der Mandelbaumblüten?
Wo werde ich sein,
Wenn die Mandeln reif sind am Baum?
Ich werde sein,
Wo die Hirten das Steppenschaf hüten.
Ich werde sein,
Wo die Ufer weiß sind vom Schaum.«

Niemand war erstaunter über das Lied als der Sänger selbst; denn es war ohne sein Zutun aus ihm herausgesungen worden, und das war ihm unheimlich. Auch den anderen im Schiff war es unheimlich, weil sie ja keine Lieder kannten und weil sie diese Wörter mit dem tönenden Atem verstanden, obzwar sie sie nie zuvor gehört hatten, dieses *nali*, das *wo*, oder dieses *schi*, das *sein* bedeutet.

Mit scheuer Achtung sah man nun den singenden Sträfling an, und als die Dschunke endlich am Ufer Kantons festgemacht hatte, da war der Kaufherr froh, ihn wieder dem Kerkermeister übergeben zu dürfen. Aber auch zu Lande geschah Seltsames mit dem Sträfling; denn hier beschien ihn nach der Fahrt die Gnadensonne Seiner Majestät. Der Kaiser machte ihn zum freien Manne und setzte ihn wieder ein in das Amt eines Königs im Süden, aus dem ein ränkereicher Man-

darin ihn einst vertrieben hatte. Der falsche König, ein Tyrann und Leuteschinder, lag bereits in Ketten.
So wurde der Sträfling wieder ein Mensch mit einem Namen, nämlich der König Han Siang Dsi, der später als Unsterblicher mit einem Blumenkorb und einer Kräuterhacke gemalt, gezeichnet oder in Elfenbein geschnitzt wurde.
Als König über ein Land, in dem die Steppenschafe weideten und an dessen Ufern sich in weißem Schaum die Wellen brachen, zog er den Kaufherrn, wie er es versprochen hatte, an den Hof, kaufte vom Kaiser die Sträflinge der Dschunke frei und ließ den Aufseher, als dieser Frechling eines Tages irgendeine Gnadenbitte vortrug, ohne Antwort.
Er wurde auch berühmt als »Der tönende Atem«, weil er das Liedersingen einführte und das A und das O und das U. Nur eine einzige Seltsamkeit wußten die Leute von ihm zu berichten: Er duldete keine Spiegel in seinem Palast. Nur wenn er allein war, ging er zuweilen zum Karpfenteich, um sich zu spiegeln. Dann sah er – und das wußte niemand – auch noch als alter Mann sich selber jung im Wasser, so jung, wie er als Sträfling auf der Dschunke gewesen war. Dann lächelte er und sagte: »Grüß mir Tschang O und die Gärten, mein Bild!«
»Tschang O« hieß auch die schönste seiner königlichen Dschunken, die zweimal in jedem Jahr nach Palawan fuhr und dabei regelmäßig eine Gruppe ausgebrannter Vulkane passierte, von denen niemand auf der Dschunke wußte, daß hier das Glück ihres Königs seinen Anfang genommen hatte.

61 Der Garten des Herrn Ming

Im stillen Gartenreiche
Des alten Gärtners Ming,
Da schwimmt in einem Teiche
Ein Wasserrosending.

Den alten Ming in China
Entzückt sie ungemein.
Er nennt sie Catharina,
Chinesisch: Ca-ta-rain.

Mit einer Pluderhose
Und sehr verliebtem Sinn
Hockt er sich bei der Rose
Am Rand des Teiches hin.

Er singt ein Lied und fächelt
Der Rose Kühlung zu.
Die Rose aber lächelt
Nur für den Goldfisch Wu.

Sie liebt das goldne Fischchen,
Das oft vorüberschießt
Und auf den Blättertischchen
Den Rosenduft genießt.

Doch Wu, der Goldfisch-Knabe,
Der lockre Bube, gibt
Ihr weder Gruß noch Gabe,
Weil er ein Hühnchen liebt.

Er liebt Schu-Schu, das kleine
Goldrote Hühnerding.
Jedoch Schu-Schu, die Feine,
Liebt nur den Gärtner Ming.

So liebt Herr Ming Cathrina,
Cathrina liebt den Wu,
Wu liebt Schu-Schu aus China,
Den Gärtner liebt Schu-Schu.

Man liebt sich sanft und leise.
Doch keiner liebt zurück.
Und niemand in dem Kreise
Hat in der Liebe Glück.

Sie leben und sie warten,
Sind traurig und verliebt
In diesem kleinen Garten,
Von dem es viele gibt.

62 Das Zauberfaß des Pang Nan Liang

Herr Pang Nan Liang, ein dicker Mann,
War reich ganz ohne Maßen;
Doch ging man ihn um Spenden an,
Ließ er nicht mit sich spaßen.
»Ich spende NICHT!« sprach er dazu.
Das heißt chinesisch: BU.

Herr Pang Nan Liang besaß ein Faß,
Und dieses Faß war klasse:
Was man ins Faß hineinwarf, das
Vermehrte sich im Fasse.
Was warf er nun hinein, der Mann?
Natürlich GELD: CHIAN.

Doch Pang Nan Liang war fürchterlich
Habgierig. Und was tat er?
Das Geld ausscheffeln ließ er sich
Von seinem alten Vater.
»Ich brauch«, schrie er und schlug den Gong,
»In MASSEN Geld: KWUNTSONG.«

Ja, Pang Nan Liang schlug oft sogar
Mit einem Stock den Alten,
Der bald mehr tot als lebend war
Und krumm und voller Falten.
Er STIESS ihn gar – o dreimal pfui –
Ins Faß. Und das heißt: TUI.

Zwar: Pang Nan Liang bereute das
(So geht's den Übeltätern);
Denn plötzlich füllte sich das Faß
Mit lauter toten Vätern;
Doch kam die Reue für den Mann
Zu SPÄT. Und das heißt: WAN.

Das war für Pang Nan Liang ein Schlag!
Er mußte all die Massen
Von toten Vätern Tag für Tag
Mit Prunk begraben lassen.
»Wer zahlte das denn?« fragt ihr da.
ER selbst. Und das heißt: TA.

Als endlich das verrückte Faß
Zersprang, da weinte keiner.
Und Pang Nan Liang (wen wundert das?)
War nun der Ärmsten einer.
Er jammerte: O WEH, O WEIH!
Chinesisch heißt das: AI.

Verzichten wir auf die Moral.
Ob Weißer oder Gelber,
Geldscheffler schaden allemal
Am Ende nur sich selber.
Zum Geld kommt selten Glück dazu.
Und GLÜCK, das heißt: KSING FU.

Nach einem chinesischen Märchen

63 Drei chinesische Spatzen

Ein Minister wollte seinem König
Schenken, sehr devot und untertänig,
Drei chinesische Spatzen.

Auf des Herrn Ministers strenge Bitte
Kamen daher aus dem Reich der Mitte
Drei chinesische Spatzen.

Einer aber: Weggeflogen ist er.
Und so kamen zu dem Herrn Minister
Nur zwei chinesische Spatzen.

Der Minister, deshalb nicht verlegen,
Griff sich einfach auf den Gartenwegen
Einen einheimischen Spatzen.

Danach schenkte er, höchst untertänig,
Seinem allerhöchsten Herrn und König
Drei chinesische Spatzen.

Doch der König, vogelkundig, lachte;
Er erkannte: Der Minister brachte
Nur zwei chinesische Spatzen.

Dies bemerkend, sagte der Minister:
»Dieser dritte, Übersetzer ist er
Für die chinesischen Spatzen.«

Aus dem Japanischen nach einem
unbekannten Verfasser

Siebenter Flug

Bis nach Ober-Donauwörth
oder
Wer hat Ameisenkinder gesehn?

Tiergeschichten und Tiergedichte

64 Kleine Hunde-Kunde-Stunde

In der Hunde-Kunde-Stunde,
Die mit diesem Vers beginnt,
Zeigen wir aus gutem Grunde
Dicke, dünne, schlanke, runde,
Winzige und große Hunde,
Hundemann und -frau und -kind:

Mops und Pinscher, Setter, Foxe,
Windhund, Dogge und Chow-Chow,
Bernhardiner, Pudel, Boxer,
Dobermann und Dackelfrau.

Man erkennt den Hund am hellen,
Dunklen oder spitzen Laut,
Auch am langsam- oder schnellen
Kläffen, Heulen, Winseln, Bellen;
Kurz, ein Hund ist festzustellen
An der Art, wie er wauwaut.

Unterscheiden kann man Hunde
Aber nicht nur am Wauwau.
Auch beim Schnäuzchen (wie beim Munde)
Gibt es spitze, platte, runde,
Kurze, lange, und im Grunde
Paßt sie jedem Hund genau.

Selbst der Schwanz ist unterschiedlich,
Hier ein Drähtchen, dort ein Kranz,
In Bewegung oder friedlich,
Grad, gebogen, dicklich, niedlich,
Zierlich wippend, feist gemütlich,
Jeder Hund hat seinen Schwanz.

Ebenfalls das Beinelüpfen
Unterscheidet Hund und Hund:
Manche tänzeln, andre hüpfen,
Trippeln, kullern, schreiten, schlüpfen.
Kurz, die Art, das Bein zu lüpfen,
Die verrät den Hund im Grund.

Unsre Hunde-Kunde-Stunde,
Die mit dieser Strophe schließt,
Zeigte dünne, spitze, runde,
Winzige und große Hunde,
Kurz, sie zeigte dir im Grunde,
Alle Hunde, die du siehst:

Mops und Pinscher, Setter, Foxe,
Windhund, Dogge und Chow-Chow,
Bernhardiner, Pudel, Boxer,
Dobermann und Dackelfrau.

65 3 × 3 an einem Tag

Die Sonne ging auf, der Tag begann,
Da fingen drei Hähne zu krähen an,
Da bliesen drei Jäger auf Hörnern.

Da streckten drei Katzen die Glieder aus,
Da schauten drei Mäuse zum Fenster heraus,
Da suchten drei Hühner nach Körnern.

Die Sonne stieg weiter ins Himmelszelt,
Da kamen drei Füchse über das Feld,
Da flohen drei Hühnchen und Hähnchen.

Da schlüpften drei Katzen ins Mausehaus,
Da sprangen drei Mäuse vor Graus hinaus,
Da weinten die Mäuse drei Tränchen.

Die Sonne stand strahlend am Himmelsplan,
Da kamen drei struppige Hunde an,
Da rannten drei Füchse ins Häuschen.

Da rannten drei Füchse ins Mausehaus,
Da sprangen drei Katzen vor Schreck hinaus,
Da lachten von ferne drei Mäuschen.

Die Sonne ging weiter den alten Gang,
Da kamen drei Jäger das Feld entlang,
Da bebten drei struppige Hunde.

Da krochen drei Hunde ins Mausehaus,
Da schossen drei Füchse wie Blitze heraus,
Da machten drei Jäger die Runde.

Die Sonne schien weiter auf groß und klein,
Da fingen drei Jäger die Hunde ein
Und gingen mit ihnen von dannen.

Da sagten drei Katzen: Gut Nacht, miau!
Da schlüpften drei Füchse in ihren Bau
Im Walde unter drei Tannen.

Die Sonne ging unter, der Tag verschied,
Da sangen drei Hähne das Abendlied,
Da lagen drei Hunde an Ketten.

Da schliefen drei Hühner in ihrem Schlag,
Da piepten drei Mäuse: Was für ein Tag!
Und sanken erschöpft in die Betten.

66 **Ameisenkinder**

Wer hat Ameisenkinder gesehn?
Können sie nach sechs Tagen schon gehn?
Laufen die Ameisenbabys geschwinder
Als zum Beispiel die Mistkäfer-Kinder?
Kriegen sie schon einen Klaps auf den Po?
Ach, meine Lieben, die Sache ist so:
Wer Ameisenkinder sah, ganz kleine,
Der lügt,
Der betrügt!
Es gibt nämlich keine.

67 Kleine Elefanten

Wer erzieht den kleinen Elefanten?
Nicht der Vater, sondern nur die Tanten.
Überall begleiten sie den Kleinen
Auf den Elefantentantenbeinen.

Wenn Gefahr naht, stellen sie sich weise –
Kopf nach innen – um ihn her im Kreise,
So daß Feinde im Vorübergehen
Nur die Elefantentantenhintern sehen.

Dadurch kommt es, daß ein Elefantenkind,
Wenn es groß ist und schon laut trompetet,
Schutzbedürftig bleibt und leicht errötet
Und empfindlich ist, wie alte Tanten sind.

68 Die kleinen Pferde heißen Fohlen

Die kleinen Pferde heißen Fohlen,
Sie haben Streichholzbeine, und
Sie stehen mit den Fohlensohlen
Ein wenig wacklig auf dem Grund.

Sehr hochgebaut und knickebeinig,
Schwanken sie bang durchs grüne Gras.
Sie sind sich selber noch nicht einig,
Ob Gehen Angst macht oder Spaß.

Doch manches Mal – das ist sehr reizend –
Kannst du auf einer Wiese sehn,
Wie sie, die Vorderbeine spreizend,
Den Fohlenhals nach oben drehn.

Dann trinken sie die Milch der Stute,
Und bei dem Trinken stehen sie
Zum erstenmal – das ist das Gute –
So fest wie nie.

69 Der kleine Dackel Kasimir

Es war einmal ein Dackel,
Ein wirklich nettes Tier,
Ein kleiner Schnickel-Schnackel-
Und Wickel-Wackel-Dackel
Mit Namen Kasimir.

Er strolchte stets alleine
Durch Ober-Donauwörth
Und setzte seine Beine
Auch ohne Dackelleine
So, wie es sich gehört.

Ihn mochte jeder leiden,
Ob Mensch, ob Katz, ob Hund.
Man grüßte ihn mit Freuden;
Denn er war stets bescheiden
Und so gemütlich rund.

Man rief, sah man ihn traben:
»Gott grüß dich, Kasimir!«
Doch leider gibt es Knaben,
Die keinen Anstand haben.
Die hänselten das Tier.

Es streckten diese Jungen
Mit Lärm und viel Geschrei
Dem Hund heraus die Zungen.
Doch still und ungezwungen
Lief Kasimir vorbei.

Wenn sie den Dackel neckten
Mit spöttischem Gesicht,
Wenn sie die Fäuste reckten,
Wenn sie die Zungen bleckten:
Er sah sie einfach nicht.

Das ärgerte die Rangen.
Sie standen stets bereit,
Um Händel anzufangen.
Sie hatten das Verlangen
Nach Zank und Zwist und Streit.

Drum kletterten sie endlich
Auf einen Zaun hinauf.
Sie lauerten – wie schändlich,
Wie bös und unverständlich –
Dem armen Dackel auf.

Der Hund kam um die Ecke,
Da traf ihn gleich ein Stein.
Er blieb im ersten Schrecke
Still stehen auf dem Flecke
Und hob verbüfft ein Bein.

Doch als man nach dem Dackel
Mit neuen Steinen schmiß,
War's aus mit Wickel-Wackel.
War's aus mit Schnickel-Schnackel.
Kein Wunder, daß er biß.

Laut schreiend floh von hinnen
Die böse Bubenschar.
Sie schrie: »Der Hund muß spinnen!«
Weil Kasi wie von Sinnen
Und ganz verändert war.

Heut geht er an der Leine
Und blafft und kläfft und bellt.
Drum merk dir, Kind, das eine:
Es ändern spitze Steine
So manches auf der Welt.

70 Der Windhund Flick von Fleckenstein

Der Windhund Flick von Fleckenstein
War zart und porzellanen
Mit einem Hauch von Elfenbein.
Er hatte hundert Ahnen.

Als Rassehund von altem Blut
(Wenngleich noch jung an Jahren)
Bewohnte er ein Rittergut,
In dem drei Fürsten waren.

Auf Seidenkissen, gelbgestreift,
Geruhte er zu ruhen.
Und war der Rasen kühl bereift,
Schritt er einher in Schuhen.

Die Hunde in der Nachbarschaft
(Es waren über hundert),
Die haben seine Hundeschaft
Ganz ungemein bewundert.

Einst, als der Hund alleine war,
Begann es zu gewittern.
Da sträubte sich sein edles Haar.
Der Hund fing an zu zittern.

Ein Blitz schlug in der Nähe ein;
Der ganze Boden bebte.
Sofort fiel Flick von Fleckenstein
In Ohnmacht. Doch er lebte.

Zum Glück kam eine Möpsin an,
Krummbeinig, dick und ältlich.
Die sah den Hund und sprach sodann:
»Dich helf ich unentgeltlich!«

Sie sagte (und sie schritt zur Tat):
»Ich knöpf dich auf die Schuhe.
Ich schlecke dich dein Fellchen glatt.
Man immer mit die Ruhe!

Was Frieda tut, ist immer gut!«
So sagte sie und lachte.
Der edle Hund aus altem Blut
Vernahm's, als er erwachte.

Er fragte matt: »Wer sind Sie, Frau?«
»Ich, Herr? Ich bin die Frieda!
Du warst vor lauter Ohnmacht blau
An deine ganzen Glieda.

Ich rieb dir schnell mit Spucke ein.
(Mein Herr ist Arzt, mein Bester!)«
Da hauchte Flick von Fleckenstein:
»Ich danke Ihnen, Schwester!«

Dann lief er fort, so windhundschnell,
Als ob er räudig wäre.
Er war gesund an Leib und Fell,
Doch krank an seiner Ehre.

»Sie hat mich«, sprach von Fleckenstein,
»Geduzt wie ihresgleichen!
Und ich, ich muß ihr dankbar sein!
Es ist zum Steinerweichen.«

Er ward von dieser Kränkung krank,
Als hätt sie ihn gebissen.
Er starb auf einer Polsterbank
In gelbgestreiften Kissen.

Als Frieda seinen Grabstein fand,
Vergoß sie manche Zähre,
Weil dort in Gold auf Marmor stand:
ER STARB AN SEINER EHRE.

71 Der gereimte Löwe

Ein Löwe, groß und fürchterlich,
Begann vor Wut zu weinen:
Er suchte einen Reim auf sich,
Doch leider fand er keinen.

Er lief durchs ganze Afrika
(Am Tag oft zwanzig Stunden)
Und fraß so manchen Dichter da,
Der keinen Reim gefunden.

Am Kap der Guten Hoffnung, ach,
War Afrika zu Ende.
Allein er dachte weiter nach,
Wie er ein Reimwort fände.

Er saß betrübt am Meeresstrand,
Wo wilde Wellen schäumen,
Bedenkend, daß sich rings im Land
Fast alle Tiere reimen.

»Es reimt sich«, sprach er, »Kuh auf Gnu
Und Stiere auf Vampire.
Auch Marabu und Känguruh
Sind reimverwandte Tiere.

Warum reimt sich der Löwe nicht?
Soll er stets reimlos bleiben?
Wird niemals jemand ein Gedicht
Mit Löwenreimen schreiben?«

Der arme Löwe saß und sann,
Im Ufersande schabend.
Da kam ein weißer Vogel an
Und sagte: »Guten Abend!«

»Laß mich allein! Entferne dich!«
Erwiderte der Löwe.
»Ich suche einen Reim auf mich.«
Da sprach der Vogel: »Möwe!

Zwar reimt sich«, sprach sie, »Hunz auf Kunz
Und andre dumme Sachen;
Jedoch auch wir zwei reimen uns.«
Und sie fing an zu lachen.

Der Löwe lachte ebenfalls
Und raste vor Entzücken.
Er fiel der Möwe um den Hals,
Als wollt er sie erdrücken.

Er rief: »Ich habe einen Reim!
Hoch lebe jede Möwe!
Jetzt kehre ich beruhigt heim
Als der gereimte Löwe.«

Seitdem sagt jedes Löwenkind
Zu jeder Möwe Tante,
Weil sie doch jetzt Verwandte sind –
Zumindest Reimverwandte.

72 Der Tausendfüßler und der Skarabäus-Käfer

In der feuchten Ecke eines Gartens, wo Schlangenkraut und Vergißmeinnicht wuchsen, lebte ein einsamer Tausendfüßler namens Thomas. Er war unter den Käfern, Würmern, Schnecken und anderen Krabbeltieren der Umgebung hochgeachtet, denn er hatte ein gutes Herz, reizende Sitten und einen bezaubernden Gang. Es war unbeschreiblich, mit welcher Leichtigkeit und Grazie Thomas seine 996 Füße setzte. (Vier Füße waren ihm leider auf unerklärliche Weise abhanden gekommen.) Von nah und fern eilten die Krabbeltiere herbei, um den Tausendfüßler zu beobachten, wenn er zwischen seiner Erdwohnung und einem Birkenbusch den berühmten Morgenspaziergang machte.

Thomas trippelte nicht und schritt nicht, marschierte nicht und kroch nicht. Sein Gang war wie ein Gleiten auf Samtröllchen, so leise, sanft und graziös.

Eines Tages kam ein Skarabäus-Käfer in den Garten, der alles, was ihm unter die Augen kam, zählte, berechnete, untersuchte und abmaß. Der krabbelte, als Thomas seinen Morgenspaziergang machte, in der Entfernung von drei Käferlängen hinter ihm her, begleitete ihn zum Birkenbusch und vom Birkenbusch zurück zur Wohnung, zog sich dann unter einen Pilz zurück und vertiefte sich drei volle Tage lang in äußerst schwierige Berechnungen.

Am dritten Tage hatte der Käfer seine Berechnungen abgeschlossen, und er begab sich stehenden Fußes zu Thomas, um ihm das Ergebnis mitzuteilen.

»Sehr verehrter Herr Tausendfüßler«, sagte er. »Ihre Gangart genießt, wie Sie wissen, einen großen Ruf unter den Krabbeltieren!«

»Das ist Vererbung«, erwiderte Thomas bescheiden. »Mein Vater war ein bekannter Schnelläufer, meine Mutter war Direktorin eines Mückenballetts. Mein Gang ist nichts weiter als ein vererbtes Talent.«

»Irrtum«, sagte der Skarabäus-Käfer. »Ihr Gang, mein Lieber, ist ein Rechenkunststück. Er ist deshalb so harmonisch, weil Ihnen vier Füße fehlen.«

»Wie das?« fragte Thomas erstaunt.

»Passen Sie auf, die Sache ist ganz einfach: Ein gewöhnlicher Tausendfüßler bewegt zuerst die Füße Nummer 1 bis 60, dann die Nummern 61 bis 120, sodann 121 bis 180, hierauf 181 bis 240, endlich 241 bis 300, dann ... Aber Sie verstehen schon, nicht wahr?«

Thomas nickte benommen, denn er verstand – ehrlich gesagt – kein Wort.

»Die Füße 990 bis 1000«, fuhr der Käfer fort, »diese letzten Füße pflegt der gewöhnliche Tausendfüßler zu schleifen, weil sich zehn nicht durch sechs teilen läßt. Denn die Beinbewegung der Tausendfüßler ist eine praktische Anwendung des Einmalsechs. Deshalb kann nur ein Tausendfüßler, dessen Füße durch sechs teilbar sind, einen schönen Gang erreichen. Sie verstehen, nicht wahr?«

Thomas nickte matt und verständnislos mit dem Kopfe.

»Ihre Beinbewegung, verehrter Herr Tausendfüßler«, sagte der Käfer, »Ihre Beinbewegung ist eine mathematische Glanzleistung: Sie fangen nämlich nicht mit Bein eins bis sechs, sondern mit Bein eins bis zwölf an. Das ist sehr fein, weil sich 996 durch zwölf teilen läßt. Sie verstehen, nicht wahr?«

Thomas konnte kaum noch nicken, so konfus war er.

»Sehen Sie«, sagte der Käfer, »Sie bewegen 40mal je 12 Füße, dann zweimal je 18 und endlich wieder 40 mal je 12. Das ist so apart und ungewöhnlich, daß ich es sogleich den gelehrten Krabbeltieren mitteilen muß. Empfehl mich!«

Der Skarabäus-Käfer kroch davon, und Thomas, der Tausendfüßler, blieb mit benommenem Kopfe in seiner Wohnung zurück. Er murmelte: »Einmal sechs, 40 mal 2: nein: 2 mal 18, oder doch 18 mal 2? Was hat er gesagt? Wie war das doch?«

Der arme Tausendfüßler war vollkommen durchgedreht. Er blieb zahlenmurmelnd bis zum Mittag in seiner Wohnung sitzen, versuchte vergeblich, seine eigenen Füße zu zählen, verlor den Appetit und raffte sich erst am späten Nachmittag auf, um ein wenig frische Luft zu schöpfen.

Aber du liebe Güte, was war das? Thomas fiel beim Gehen von einer Seite auf die andere, hinkte, stolperte, schleppte die Füße nach und war nach einem Spaziergang von höchstens einem halben Meter so erschöpft, daß er nicht mehr weiterkonnte und mit großer Anstrengung zurückkroch in seine Erdwohnung. Er dachte dabei ununterbrochen an die Berechnungen des Skarabäus-Käfers, fing an, seine Füße zu zählen und seine Beinbewegungen zu beobachten, und verlernte dabei das Gehen ganz und gar.

Die Nachricht vom Mißgeschick des Tausendfüßlers verbreitete sich in Windeseile unter den Krabbeltieren. Käfer, Schnecken und Würmer kamen, um ihn zu trösten und ihm Mittel zur Heilung anzuraten. Aber weder der Saft der Wolfsmilch noch der Blütenstaub des

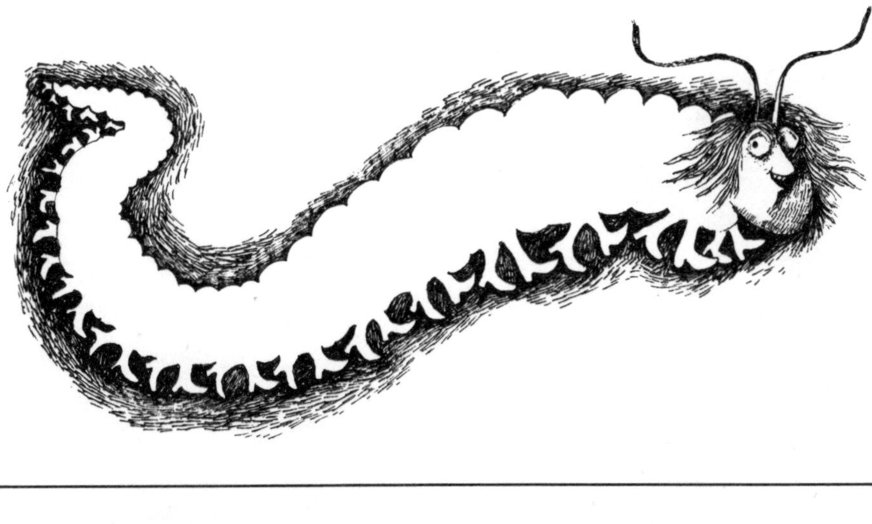

Schlangenkrautes, noch Thymian oder Dillkraut vermochten Thomas zu heilen. Seine 996 Füße, mit denen er früher so graziös dahingeglitten war, wurden plötzlich zu einem Problem für ihn. Sie verknäuelten und verhedderten sich bei jedem Schritt, und so blieb er schließlich krank und traurig in seiner Wohnung liegen, und alle Tiere meinten, nun ginge es mit ihm zu Ende.

Aber eines Morgens, als Thomas sich aus seiner Erdwohnung hinauf ins Sonnenlicht geschleppt hatte, sah er zwischen den Vergißmeinnicht eine Tausendfüßlerin vorüberziehen, die fast so graziös dahinglitt wie er selber in seiner besten Zeit. Sie sang fein im Takt ihres Schrittes das folgende Lied:

»Drei mal zwölf ist sechsunddreißig,
Wandre täglich, übe fleißig,
Bis du gehst, als ob du schwebst.
Vier mal zwölf ist achtundvierzig.
Blumendüfte, mild und würzig,
Künden, daß du liebst und lebst.«

Bei den Klängen dieses Liedes fing das Herz des Tausendfüßlers zu hüpfen und zu tanzen an. Er folgte mit den Augen der schönen Tausendfüßlerin, begann sich nach dem Takt des Liedes zu drehen und zu wenden, und mit einem Male fing Thomas, der Tausendfüßler, leichtfüßig zu gleiten an wie in seinen allerbesten Tagen. Nur war sein Gang jetzt noch viel graziöser als zuvor. Er schien wahrhaftig zu schweben, so sanft waren seine Bewegungen. Er schwebte neben der schönen Tausendfüßlerin dahin, stellte sich im Weitergleiten höflich vor und sang dann mit ihr gemeinsam:

»Sechs mal zwölf ist zweiundsiebzig.
Was gemeinsam singt, das liebt sich.
Ach, wie ist der Himmel blau!
Zehn mal zwölf ist hundertzwanzig.
Jede Frau sucht einen Mann sich.
Jeder Mann sucht eine Frau.«

Zweieinhalb Stunden lang schwebte das Tausendfüßler-Paar singend durch den Garten, und alle Krabbeltiere der Umgebung umschwärmten es dabei voller Bewunderung. Nur der mathematische Skarabäus-Käfer machte eine verdrießliche Bewegung mit seinem Geweih, denn Thomas setzte die Füße jetzt ganz anders und viel komplizierter als zuvor. Er bat den Tausendfüßler deshalb, etwas langsamer zu gehen, damit man die Füße besser beobachten könne. Aber Thomas sagte: »Ich habe keine Zeit für Mathematik. Ich habe mich soeben verlobt!«

Dann schwebte er mit seiner Tausendfüßlerin davon und ließ sich unter dem rotweißen Schirm eines Fliegenpilzes trauen.

73 Der Mops und das Kätzchen

Ein Mops aus Nicaragua
Erging sich vor dem Haus.
Er pflückte Blumen hier und da
Und flocht sie dann zum Strauß.

Ein Kätzchen aus Bolivien
Im schönsten Sonntagsstaat,
Das machte aus Endivien
Erfrischenden Salat.

Sie tat ihn in ein Kübelchen.
Dann knetete sie Klops
Aus Hackefleisch und Zwiebelchen,
Und alles für den Mops.

Und als der Mops zum Kätzchen kam
Mit Blumen und Konfekt
Und liebevoll ihr Tätzchen nahm,
War schon der Tisch gedeckt.

Im Zimmer unterm Giebelchen
Verzehrten sie in Ruh
Die Klöpse mit den Zwiebelchen
Und den Salat dazu.

Und als das Mahl zu Ende war,
Da futterten sie Drops
Und reichten sich die Hände dar,
Das Kätzchen und der Mops.

Man sieht daraus: Im Grunde sind
Sich Hund und Katze gut,
Weil, wenn die zwei im Bunde sind,
Keins etwas Böses tut.

Wenn Hund und Katz sich einigen,
Gibt's manchen frohen Hops.
Dies können euch bescheinigen
Das Kätzchen und der Mops.

Achter Flug

Nach Holland und nach Dänemark
und Rußland obendrein
oder
War einst ein Landsknecht in Flandern

Geschichten und Gedichte von Rittern, Räubern und anderen Leuten

74 Der brave Herr Soldat

Es war mal ein Soldat,
Der hatte ein Gewehr
Und eine schöne Uniform
Und einen Rucksack schwer.

Es mußte der Soldat
Nach Frankreich einmarschiern
Und dabei seinem Leutenant
Die Leutnantsstiefel schmiern.

Es schmierte der Soldat
Die Leutnantsstiefel ein
In Holland und in Dänemark
Und Rußland obendrein.

Der Krieg und der Soldat,
Die zogen weiter fort,
Nach Ungarn und Italien
Und manchem schönen Ort.

Oft traf den Herrn Soldat,
Weil er nicht gleich pariert,
Ein Tritt von jenem Stiefelpaar,
Das er so gut geschmiert.

Dann bat der Herr Soldat
Den Leutnant um Pardon
Und brachte dessen Stiefel gleich
In glänzendste Fasson.

Nun hatte der Soldat
Ein Mädchen, schwarz und kraus.
Das sagte: »Ich verstecke dich,
Bis daß der Krieg ist aus.«

Da sagte der Soldat:
»Ich ginge gern mit dir;
Jedoch das Leutnants-Stiefel-Paar
Wird stumpf, wenn ich's nicht schmier.«

So schmierte der Soldat
Die Stiefel, treu und brav,
Bis ihn an einem Donnerstag
Des Feindes Kugel traf.

Da sagte der Soldat:
»Es ist wohl an der Zeit
Und muß wohl Gottes Wille sein,
Daß ich so früh schon scheid.«

Du armer Herr Soldat,
Nun bist du mausetot.
Doch schuld ist deine Bravheit nur
Und nicht der liebe Gott!

75 Der Ritter Grausegrün

In alten Zeiten lebte
Der Ritter Grausegrün.
Wer ihn nur sah, der bebte.
Er blickte gar zu kühn.

Wenn er bei dem Turniere
Mit andern Rittern stritt,
Dann kreischten die Scharniere
Und auch die Damen mit.

Sah wer den kühnen Streiter
Nur von der Seite an,
Der tat's nicht lang mehr weiter:
Er war ein toter Mann.

So grimmig war kein Ritter
Wie Ritter Grausegrün.
Noch durch des Helmes Gitter
Sah man die Augen glühn.

Sein Hirn war klein geraten,
Doch groß war seine Kraft.
Das Tun von kühnen Taten
War seine Leidenschaft.

Nun weiß man hier auf Erden,
Wie Leidenschaften sind:
Wenn sie erst älter werden,
Werden sie taub und blind.

Das ist besonders bitter
Für Leute ohne Hirn.
So war's auch bei dem Ritter
Mit seiner Eisenstirn.

Als er voll Wut und Schwung war,
Doch leider etwas alt,
Hat einer, der noch jung war,
Ihn kaltgemacht im Wald.

Zum Ritterhimmel schwebte
Die Seele, stolz und kühn.
Er starb so, wie er lebte,
Der Ritter Grausegrün.

76 Der Landsknecht von Flandern

War einst ein Landsknecht in Flandern,
Dem ging es sonderbar.
Er mußte wandern und wandern,
Weil kein Krieg im Lande war.

Ein Landsknecht muß streiten und siegen,
Denn dafür kriegt er Geld.
Er wird zum Kämpfen und Kriegen
Bezahlt und angestellt.

Doch ist nirgends ein Krieg zu sehen,
Was tut ein Landsknecht am End?
Dann muß er ihn suchen gehen
Wohl zwischen Brügge und Gent.

Drum mußte der Landsknecht in Flandern,
So arbeitslos und allein,
Alle Tage wandern und wandern
Ins flandrische Land hinein.

Mit durchgelaufenen Schuhen
Wehklagte er: »Lieber Gott,
Dein Frieden füllt Schränke und Truhen,
Doch den Landsknecht macht er bankrott!«

Der Herbst kam mit schaurigem Wetter,
Der Winter mit Schnee und mit Eis.
Es gilbten sein Bart und die Blätter,
Und er wurde vorzeitig ein Greis.

Als dann wieder Krieg war in Flandern
Und man suchte ein neues Heer,
Da konnte er kaum noch wandern
Und kämpfen gar nicht mehr.

Er bekam keinen Sold und kein Essen,
Denn er war zum Kampfe zu alt.
So ist verschollen, vergessen
Ein flandrischer Landsknecht im Wald.

77 Pommelot, der unbesiegte Ritter

Wer als Sohn eines Ritters geboren wurde, war dazu verdammt, ebenfalls Ritter zu werden. Auch wenn er lieber Lieder sang oder die Harfe zupfte, mußte er sich dennoch im Kampfspiel mit Pferd und Lanze üben und den Gesang den herumziehenden Minnesängern überlassen.
Einst bekam ein Ritter einen Sohn, den er Pommelot nannte. Der war von Geburt an pummelig und blieb es sein Leben lang. Auch aß er zeitlebens gern gute Sachen, sang und dichtete gern und hatte zur Ritterei nicht die geringste Lust.
Leider mußte er als Rittersohn auch alle Ritterkünste lernen: Fechten, Reiten, Bogenschießen, Lanzenstechen und was derlei brotlose Künste mehr sind. Oft dachte er: »Wenn ich mich schon in brotlosen Künsten üben muß, dann singe und dichte ich lieber!« Aber sein Vater war unbarmherzig. Er ließ ihn mit Falken jagen, er ließ ihn Hirsche hetzen, und er zwang ihn, das Lanzenstechen fürs Turnier zu üben. Nur des Abends durfte Pommelot unter den Erkerfenstern ebenso dicker wie dummer Edelfrauen die Klampfe schlagen und in lächerlichen Versen den Verliebten spielen.
Als dieser Pommelot in das Alter kam, da er zum Ritter geschlagen werden sollte, war er auf das notwendige Turnier schlecht vorbereitet, da er sich wenig Mühe bei den Übungen, dafür aber heimlich um so mehr Mühe beim Dichten gegeben hatte.
Wie es nun Zufall oder Schicksal wollte, gab er seinem – übrigens gutwilligen – Pferd einige Tage vor dem entscheidenden Turnier das übliche Schälchen voll Sirup zur Belohnung für einen langen Ritt. Hierbei fiel ihm auf, mit welcher Gier und Wonne sein Pferd den Sirup schleckte. Da kam ihm ein wunderlicher, ganz und gar unritterlicher Einfall.
»Wenn unsere Pferde so gern Sirup schlecken«, sagte er sich, »dann soll der Sirup mich zum einzigen unbesiegten Ritter dieser Erde machen!«
Um seinen Einfall zu verwirklichen, waren allerdings einige Vorbereitungen nötig. Erstens ließ Pommelot sich eine Rüstung schmieden, die so furchterregend aussah wie keine andere weit und breit, zweitens ließ er sich eine Lanze herrichten, die mit ihren gebogenen Widerhaken jeden in Furcht und Schrecken versetzte, der sie auf seinen Leib gerichtet sah, drittens machte er sich am Schweif seines Pferdes zu schaffen. Doch was er dort machte, war und blieb bis zum Tode sein Geheimnis.
Am Tage des Turniers, an dem sich entscheiden sollte, ob er zum Ritter geschlagen werden würde, machte er ungeheuren Eindruck, besonders auf die Damen mit den spitzen Hüten und den Schleiern.
»Mag er auch ein wenig beleibt sein«, flüsterten sie hinter behandschuhten Händen, »so scheint er doch ein kühner Mann und Held zu sein!«
Die Ritter betrachteten Pommelot mit einigem Argwohn und mit Unbehagen, weil er nicht so war, wie andere Ritter waren.
Der Kampf der Reiter, Pferde und Lanzen wurde immer, wenn Pommelot heranritt, zu einem seltsamen Schauspiel. Kaum senkte der dicke Ritter die gräßliche Lanze, kaum sprengte er in seiner

erschrecklichen Rüstung auf den Gegner zu, da scheute das Pferd des Gegners plötzlich, und ehe der Reiter es mit Zügeln und Sporen zur Räson bringen konnte, war es, scheinbar zitternd vor Furcht, hinter das Pferd Pommelots galoppiert und leckte diesem Pferd den Schweif, als bettele es um Gnade.

Sieben Gegner mußten den Kampf gegen Pommelot abbrechen, weil ihre Pferde nicht parierten. Am Ende blieb den Kampfrichtern nichts anderes übrig, als Pommelot, den Unbesiegten, zum Ritter zu schlagen.

Solange Pommelot lebte, blieb es so wie beim erstenmal. Er siegte in jedem Turnier, ohne ein einziges Mal mit der Lanze einen Ritter vom Pferde stoßen zu müssen. Stets machte das Pferd des Gegners dem Kampf vorzeitig ein Ende.

Eine ganze Reihe von Rittern ließ sich die Rüstung und die Lanze Pommelots nachschmieden in der Hoffnung, der fürchterliche Anblick von Wehr und Waffen würde das gegnerische Pferd ängstigen. Aber es nützte ihnen nichts: Sie wurden angegriffen wie gewöhnlich und mußten sich ihrer Haut und Rüstung wehren wie sonst. Einzig Pommelot blieb ständig unangegriffen, unversehrt und daher auch unbesiegt bis zu seinem Tode. Auf seinem Grabstein, den man heute noch sehen kann, steht zu lesen:

Hier ruht der Ritter Pommelot, der so kühn, so heldenhaft, so furchterregend war, daß niemand ihn in seinem langen Leben je besiegt hat.

Er ruhe in Frieden!

Was die wenigsten wissen, ist, daß Pommelot, seit er ein Ritter war, nie mehr die Kunst des Turniers geübt, sondern verkleidet als Minnesänger gedichtet und gesungen hat und dennoch, wenn er einmal zum Turnier antreten mußte, kampflos Sieger blieb.

Nur einem Kollegen, einem Minnesänger, hat er sich einmal anvertraut. Und von ihm kennt die Nachwelt das Geheimnis Pommelots: Der kluge kleine Ritter, der wußte, daß die Pferde nach Sirup lechzten, aber viel zu wenig davon bekamen, hatte den Schweif seines Pferdes vor jedem Turnier mit allersüßestem Sirup getränkt.

78 Galgenlied eines Räubers

Ihr lieben Leute, kommt und feiert heute!
Gut ist das Wetter und der Eintritt frei.
Mich, einen Räuber, reich an Kraft und Beute,
Hängt man heut auf. Und ihr seid mit dabei.
Vor allem Volk, ihr Damen und ihr Herrn,
Hängt man den Räuber. Und so hängt er gern.

Ich war geschickt im Rauben und im Plündern,
Bekannt, berühmt, berüchtigt und gehaßt.
Jetzt wird mir so wie allen großen Sündern
Der letzte Schlips vom Henker angepaßt.
Vor allem Volk, ihr Damen und ihr Herrn,
Straft man den Räuber. Und so hat er's gern.

Jeden von euch hab ich vielleicht bestohlen.
Wir rechnen ab. Ihr gebt mir meinen Lohn.
Und wünscht ihr nun, mich mög der Henker holen,
Dann seid getrost: Der Henker wartet schon.
Vor allem Volk, ihr Damen und ihr Herrn,
Lohnt man's dem Räuber. Und so hat er's gern.

Es war ein Fest, als Räubersmann zu leben.
Ich lebte frei. Ich tat, was mir gefällt.
Jetzt will ich euch ein letztes Schauspiel geben:
Wie Räuber sterben, zeige ich der Welt.
Vor allem Volk, ihr Damen und ihr Herrn,
Sterb ich als Räuber. Und so sterb ich gern.

79 Herzog Oskar der Große

Es steht ein Denkmal in Cumberstadt
Von Herzog Oskar dem Großen,
Der die Methode erfunden hat,
Den weißen Pfeffer zu stoßen.

Die Chronik hat von dem hohen Herrn
Nichts Nennenswertes berichtet.
Man weiß nur: Die Leute haben ihm gern
Das kleine Denkmal errichtet.

Er hat den Hausfraun Gutes getan,
Den Leckermäulern nicht minder.
Auch war er ein lustiger Trinkkumpan,
Und ihn liebten die Landeskinder.

Ganz ohne Krieg und den Lärm der Schlacht
Und blutiges Kampfgewühle
Hat er sein Ländchen reich gemacht
Durch eine Pfeffermühle.

Er war kein Held, doch ein guter Mann.
Drum soll mein Gedicht von ihm melden.
Ein Fürst, der Helden entbehren kann,
Ist besser als einer mit Helden.

80 Der Metzger und die Kindergärtnerinnen

Einst stand der Metzger Waldemar
In seinem Schlachthaus drinnen;
Da nahten, hübsch in einer Schar,
Sechs Kindergärtnerinnen.

Sie kamen an im Trippeltrab
Mit Kichern und mit Lachen.
Der Metzger stach ein Ferkel ab,
Wie es die Metzger machen.

Da fingen alle an zu schrein.
Es schlugen wie von Sinnen
Auf den verdutzten Metzger ein
Sechs Kindergärtnerinnen.

Sie riefen: »Roher Rüpel Sie,
Wie kann man sich erfrechen,
Vor unserm Blick das arme Vieh
So grausam abzustechen!«

Der Metzger, solcherart verhöhnt,
Enteilte flugs von hinnen.
Der Mann war leider nicht gewöhnt
An Kindergärtnerinnen.

Doch rief er noch: »Mit viel Genuß
Pflegt Schinken ihr zu essen.
Doch daß man vorher schlachten muß,
Das habt ihr, scheint's, vergessen!«

Seit diesem Tag hielt Waldemar
Nichts von Besucherinnen,
Weil er so furchtbar wütend war
Auf Kindergärtnerinnen.

Doch eines Abends ging er aus
Zu seiner alten Tante
Und kam vorbei an einem Haus,
Das balkenkrachend brannte.

Das Feuer zischt, es heult der Wind.
Man weiß nicht, was beginnen;
Denn irgendwo im Hause sind
Sechs Kindergärtnerinnen.

»Verdammt noch mal!« ruft Waldemar.
»Die kleben wie die Kletten
Zusammen, selbst in der Gefahr.
Man muß die Mädchen retten!«

Er starrt und horcht, er guckt und flucht.
Dann, ohne viel Besinnen,
Springt er ins Flammenhaus und sucht
Nach Kindergärtnerinnen.

Im Wasch- und Dusch- und Badesaal,
Da stehn sie, eng zusammen,
Und glauben, daß ein Wasserstrahl
Sie schütze vor den Flammen.

Da brüllt der Metzger Waldemar:
»Verflucht, seid ihr von Sinnen?«
Und staunend starrt ihn an die Schar
Der Kindergärtnerinnen.

»Hinaus!« schreit Waldemar. »Hinaus!«
Sein Zorn und seine Schreie,
Sie treiben durch das Treppenhaus
Die Mädchenschar ins Freie.

Sie hatten Glück: Durchnäßt und schwach
Entkamen sie den Flammen.
Gleich hinter ihnen aber brach
Das ganze Haus zusammen.

Als letzter kam, mit knapper Not,
Auch Waldemar von hinnen.
So rettete er vor dem Tod
Sechs Kindergärtnerinnen.

81 Ein Räuber bleibt immer ein Räuber

Was treiben die Räuber in Daniels Haus?
Sie kommen, das Feuer zu schüren.
Sie tragen den Tisch aus dem Zimmer heraus
Und schmücken die Wände und Türen.

Sie waschen die Hände, sie kämmen das Haar,
Sie zupfen an Kragen und Weste.
Sie tragen getupfte Krawatten sogar,
Als gingen sie heute zum Feste.

Was treiben die Räuber in Daniels Haus
Mit Lackschuhen an ihren Füßen?
Sie gehen jetzt alle zur Haustür hinaus.
Dort wollen sie Gäste begrüßen.

Doch wen sie begrüßen, das ratet ihr nicht.
Es ist auch nicht leicht zu begreifen.
Die Gäste sind Puppen mit Puppengesicht,
Mit Rüschen und Bändern und Schleifen.

Was treiben die Räuber in Daniels Haus
Inmitten von Rosen und Kränzen?
Sie suchen sich jeder ein Puppenkind aus
Und drehn sich in lustigen Tänzen.

Doch unter dem Tanzen, beim Schleifen und Drehn,
Stiehlt jeder sich flink eine Kette.
Sie stehlen die Ketten (wer kann das verstehn?)
Von Jette, Babette und Nette.

Was treiben die Räuber in Daniels Haus?
Sie tanzen bis abends um sieben,
Begleiten die Puppen zur Türe hinaus
Und dienern und danken den Lieben.

Sie danken und dienern sehr höflich im Chor
Vor Jettchen, Babettchen und Nettchen.
Dann schenken die Räuber – nun stellt euch das vor –
Den Puppen die eigenen Kettchen.

Da lachen die Puppen vor Daniels Haus.
Es zittern die zierlichen Leiber.
Sie nehmen die Kettchen und rufen dann aus:
Ein Räuber bleibt immer ein Räuber!

Und haben die Räuber auch Lackschuhe an.
Und reden sie fein wie die Schreiber,
Und tanzen sie auch wie ein ehrlicher Mann:
Ein Räuber bleibt immer ein Räuber!

Neunter Flug

Von Vorgestern nach Übermorgen
oder
Der Affe, unser Urgroßahn

Geschichten und Gedichte vom Fortschritt

82 Das Feuer

Hörst du, wie die Flammen flüstern,
Knicken, knacken, krachen, knistern,
Wie das Feuer rauscht und saust,
Brodelt, brutzelt, brennt und braust?

Siehst du, wie die Flammen lecken,
Züngeln und die Zunge blecken,
Wie das Feuer tanzt und zuckt,
Trockne Hölzer schlingt und schluckt?

Riechst du, wie die Flammen rauchen,
Brenzlig, brutzlig, brandig schmauchen,
Wie das Feuer, rot und schwarz,
Duftet, schmeckt nach Pech und Harz?

Fühlst du, wie die Flammen schwärmen,
Glut aushauchen, wohlig wärmen,
Wie das Feuer, flackrig-wild,
Dich in warme Wellen hüllt?

Hörst du, wie es leiser knackt?
Siehst du, wie es matter flackt?
Riechst du, wie der Rauch verzieht?
Fühlst du, wie die Wärme flieht?

Kleiner wird der Feuersbraus:
Ein letztes Knistern,
Ein feines Flüstern,
Ein schwaches Züngeln,
Ein dünnes Ringeln –
Aus.

83 Sonnenlied

Großmütig ist die Sonne.
Sie gibt den Gletschern Glanz,
Dem Stein, der Regentonne,
Den Tempeln Griechenlands.

Sie wärmt ein Dorf mit Kühen.
Sie wärmt auch eine Stadt.
Sie läßt die Büsche blühen
Und Blume, Baum und Blatt.

Sie schien auf alte Drachen.
Sie scheint auf neuen Wald.
Jung ist sie wie ein Lachen
Und Jahrmillionen alt.

Wir sehn sie wandern, wandern
Hoch über See und Feld.
Von einem Land zum andern
Umrundet sie die Welt.

Kein Ziel, kein Ruhehafen
Ist für die Sonne da.
Sie scheint, wenn wir schon schlafen,
Noch in Amerika.

Sie wandert unermüdlich
Zu Städten, ganz in Weiß,
Zu Ländern, fern und südlich,
Zu Wüsten, weit und heiß.

Doch sie, die in den Wüsten
Das Grüne dörrt und sengt,
Hat uns auch grüne Küsten
Und roten Mohn geschenkt.

Auch unter Sternen wissen
Wir doch, daß sie noch lebt
Und sich aus Finsternissen
Tagtäglich neu erhebt.

Dann sehn wir sie mit Strahlen
Aus Licht, aus lauter Licht,
Die ganze Welt bemalen,
Stern, Blume und Gesicht.

Aus ihrem Lichte stammen
Die Blumen, die da blühn,
Sie macht den Purpur flammen,
Sie macht die Wiesen grün.

O Sonne, Sonne, scheine!
Laß blühen Baum und Strauch,
Und wärme wie die Steine
Uns arme Menschen auch.

84 Gesang vom Fortschritt

Von der Amöbe vorgetragen

Im Urschlamm trieb ich so dahin,
Vergnügt und ungebunden;
Da sagte mir mein sechster Sinn:
»Jetzt teile dich!« Ich tat's und bin
Seitdem verblüfft; denn immerhin:
Der Fortschritt war erfunden.

Was daraus nach und nach entstand
Beim warmen Sonnenlichte
(Und es entstand so allerhand,
Ob Raupe oder Elefant),
Das ist als Zoologie bekannt
In der Naturgeschichte.

Zum Schluß entstand ein seltnes Ding:
Aus einer Affenmeute,
Die aufrecht ging und Beute fing
(Und zwar mit einem Keulending),
Entstanden nun als Abkömmling
Die Leute.

So schuf mein fortgeschrittner Teil
Sehr seltsame Gesellen;
Denn diese Leut mit Pfeil und Beil
Und Ziegenfell und Feuerkeil
Begannen bald aus Langerweil,
Sich kleidsam zu entstellen.

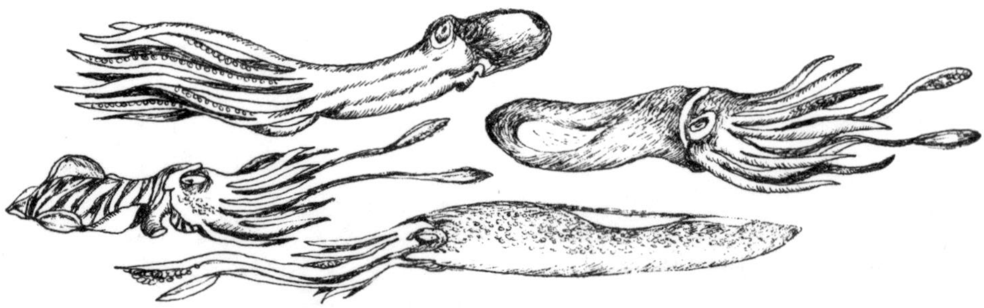

Wo unsereins nur Gallert hat,
Da haben sie nun Loden.
Zuerst war's nur ein Feigenblatt,
Dann kam der Schurz, teils kraus, teils glatt,
Und schließlich kamen, farbensatt,
Die hunderttausend Moden.

Auch machten Leute allerlei,
Mal Kriege, mal Gedichte.
Und so entstand ganz nebenbei
Aus Reimerei und Schlachtgeschrei
Und Quengelei und Drängelei
Die ganze Weltgeschichte.

Der Fortschritt wurde fester Brauch.
Die Leute bauten Dome,
Erfanden Glas und Gummischlauch
Und pusteten die Welt voll Rauch,
Und neuerdings verstehn sie auch
Das Spalten der Atome.

Nun kann der Fortschritt rückwärts gehn.
Ein General im Zorne
Braucht nur an einem Knopf zu drehn,
Dann kann die Menschheit untergehn.
Doch ich Amöbe bleib bestehn
Und beginne den Krempel von vorne.

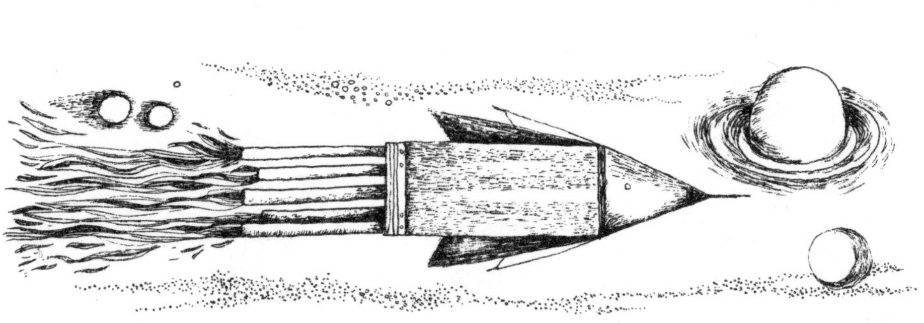

85 Wie aus der Hand Verstand entstand

Der Affe, unser Urgroßahn,
Nahm Knochen oder Äste,
Schlich sich an Bienenstöcke an
Und bohrte Honig dann und wann
Und lebte so aufs beste.
  So half ihm, wenn er Honig fand,
  Die Hand.

Die ersten Menschen auf der Welt,
Die sah man sich vereinen.
Fest haben sie sich hingestellt
Und manchen starken Baum gefällt
Mit schweren Wackersteinen.
  Die Hände konnten stärker sein
  Durch Stein.

Dann hat die Hand mit Stein den Stein
Behauen und beschliffen.
Nun schlug die Axt ins Holz hinein.
Sie höhlte auch die Stämme fein
Und machte sie zu Schiffen.
  Noch heute nimmst du, wenn du hackst,
  Die Axt.

Weil nun der Mund schon sprechen kunnt
In jenen frühen Tagen,
So konnte man schon *spitz* und *rund*
Und *Beil* und *Schaft* und *Schneide* und
Auch *Zahn* und *Zacke* sagen.
  So schritt das Werkzeugmachen fort
  Durchs Wort.

Einst lag da eines Raubtiers Zahn
(Der zugespitzte, schräge).
Da sagte sich ein kluger Mann:
»Ich bring auf Steinen Zähne an.«
Und er erfand – die Säge.
  Und so entstand durch Mund und Hand
  Verstand.

86 Das Lied vom Rade

Es war mal ein Hethiter,
Ein Töpfer wohlbekannt,
Dem sprang die Töpferscheibe
Beim Töpfern aus der Hand.
Und siehe da: Sie rollte!
Da sprach der braune Mann:
»Ich hab das Rad erfunden.
Nun sieh mal einer an!«

Da rollte die Scheibe hinab in das Tal.
Sie drehte und drehte sich immer noch mal.
Das Rad war erfunden. Nun dreht sich die Welt.
Das Runde ist reizend. Das Runde gefällt.

Das Rad, es rollte weiter
In seinem Siegeslauf:
Man hängte es sehr listig
An starren Achsen auf.
Nun gab es einen Wagen
Und Ochsen vornedran.
Nun reiste man auf Rädern.
Die neue Zeit begann.

Da rollten die Räder in Paaren daher,
Rumpumpelnd und rasselnd, und immer noch mehr.
Bald raste man auch schon mit Pferden durchs Land
Und lobte den Mann, der die Achsen erfand.

Bald wurden aus den Rädern
Zahnräder hergestellt.
Die griffen ineinander:
Die Technik kam zur Welt.
Man brachte lauter neue
Erfindungen hervor:
Das Mühlrad und die Winde,
Die Uhr und den Motor.

Nun drehten sich Räder, wohin man auch sah.
Dort drehten sich kleine und größere da.
Sie rollten, rotierten und drehten sich nun.
Jetzt hatten die Räder die Arbeit zu tun.

Und heute, werte Leute,
Dreht es sich überall:
Ob Fahrrad oder Laster,
Uhr, Kreisel oder Ball.
Es drehn sich tausend Räder,
Aus Stein, aus Holz, aus Draht,
Und Achsen und Propeller,
Motor und Automat.

Nun drehen sich Räder auf Schritt und auf Tritt.
Wir kreiseln, wir rollen, wir drehen uns mit.
Es rollen die Rubel, die Räder, der Ball,
Und rollend bewegt sich die Erde durchs All.

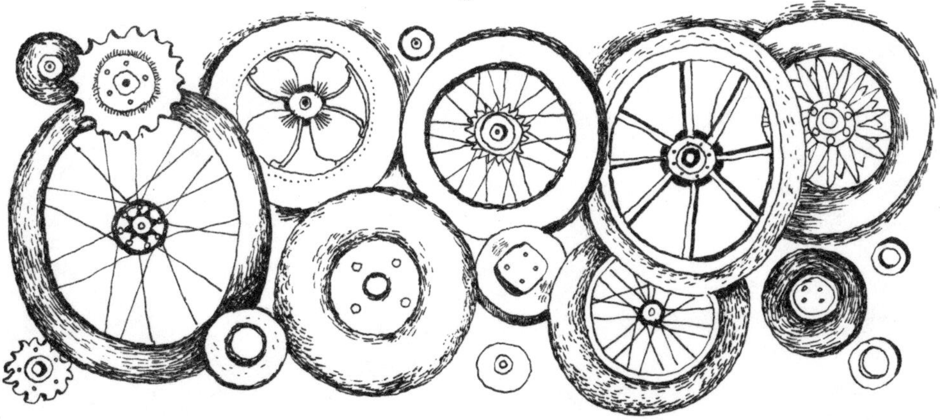

87 Der alte Baum im fernen Tal

In einem fernen, abgelegenen Tale steht ein uralter Baum, der so dick ist, daß vier Männer seinen Stamm mit knapper Not umfassen können. Die Blätter des Baumes stehen von den Stengeln ab wie die fünf Finger einer Hand, und seine volle Laubkrone trägt abwechselnd weiße Blütenkerzen oder stachlige grüne Früchte.
Als der Baum noch jung war, in grauer Vorzeit, kamen einmal ein Vater und ein Sohn, die sich auf der Bärenjagd verirrt hatten, in dieses abgelegene Tal. Der Vater, der ein Gewand aus Bärenfell trug, hieß Urax. Der Sohn, der ein niedliches Wams aus Ziegenfell anhatte, hieß Urakelchen. Es war ein sonniger Herbsttag, und die beiden legten sich unter dem Schatten des Baumes zur Ruhe nieder. Aber kaum hatten sie die Augen geschlossen, da begann es ringsherum verdächtig zu knacken und zu knistern. Urax, der Vater, sprang sofort auf und nahm seine Keule zur Hand. Er dachte, ein Wolf oder ein Bär sei in der Nähe. Urakelchen fuhr gleichfalls in die Höhe und griff sich einen dicken Ast, der am Boden lag.
Aber als die beiden sich umschauten, war nirgendwo ein gefährliches Tier zu sehen. Friedlich lag das grüne Tal im Sonnenschein. Das Knacken und Knistern jedoch hielt weiter an. Einmal knackte es links, einmal knisterte es rechts.
Urax und Urakelchen drehten ständig die Köpfe nach allen Seiten wie witternde Rehe, und es wurde ihnen ein bißchen unheimlich zumute.
Plötzlich aber rief Urakelchen: »Ta! Ta! Tuck! Tuck!« Das hieß: »Da guck mal, Vater!«
Der alte kräftige Urax im Bärenfell, der sich auf seine Keule gestützt hatte, folgte mit den Augen dem ausgestreckten Zeigefinger seines Sohnes und sah nun, wie von den Zweigen des Baumes stachlige grüne Früchte herunterfielen und auf dem Boden mit knackendem Geräusch zerplatzten.
Da lachten Urax und Urakelchen, und der Kleine im Ziegenfell lief hin und sammelte die glänzenden dunkelbraunen Dinger ein, die aus den aufgesprungenen grünen Hüllen herausfielen.
»Knäck, Knäck!« sagte Urakelchen und

zeigte auf die blanken braunen Kugeln. Vater Urax nickte, zeigte auf den Baum und sagte: »Knäck-Baum!«
Als die beiden am Nachmittag heimwanderten, trug Urakelchen in seinen Ziegenfelltaschen viele der dunkelbraunen Baumfrüchte nach Hause. In der Höhle im Walde zeigte er sie der Mutter Uriane und Urilein, der Schwester, und sagte: »Ta, ta, tuck, tuck, Knäck-bumm!« Das hieß: »Seht mal her, diese Dinger sind von dem Knäck-Baum heruntergefallen.«
Seit diesem Tage wurde der Baum im Tale der Knäck-Baum genannt, und alle Kinder, die ringsum in den Höhlen des Waldes wohnten, holten sich im Herbst die braunen Kugeln zum Spielen.
Viel Zeit verfloß, und tausend Jahre gingen ins Land. Die Menschen verließen die Höhlen und bauten sich Hütten aus Holz. An den Baum im fernen Tal erinnerte sich niemand mehr.
Aber eines Tages Anfang November kamen eine Mutter und eine Tochter mit einem Ochsenkarren durch das abgelegene Tal gezogen. Die Mutter, die ein Kleid aus Wolle trug und einen Gürtel mit einer großen goldenen Schnalle, hieß Thusnelda. Das Töchterchen, das einen rotgefärbten Lammfellmantel anhatte, hieß Tuttchen. Sie waren seit vielen Tagen unterwegs und hatten ihren Mundvorrat aufgezehrt. Es war kalt, und in der Krone des Baumes brauste der Novemberwind.
Die Mutter ließ die Ochsen stillstehen, hob das Töchterchen vom Karren herunter und setzte sich mit ihm in den Windschatten des Baumstammes, der inzwischen kräftig und dick geworden war. So ruhten sie sich eine Weile vom Schütteln des Karrens und vom Pusten des Windes aus.
Tuttchen sagte: »Hongar!« Das hieß: »Ich habe Hunger!«
Aber die Mutter konnte ihr leider nichts zu essen geben, nicht einmal eine Handvoll Hirsekörner zum Knabbern. Um ihr Töchterchen abzulenken, zeigte sie auf die vielen braunen Kugeln, die im Grase herumlagen, und kullerte sie ein wenig hin und her wie Murmeln. »Das sind Knäcksten«, sagte sie; denn sie erinnerte sich, daß sie auf einer beschriebenen Lederrolle ihrer Ur-Ur-Ur-Urgroßmutter ein ähnliches Wort gelesen hatte. Tuttchen, die nur ans Essen dachte, griff gleich nach einer der braunen Kugeln, und als sie sah, daß unter der aufgeplatzten Schale weißes Fruchtfleisch hervorschimmerte, brach sie schnell die braune Schale ab und steckte das weiße Innere in den Mund.
Mutter Thusnelda bekam einen Schrekken, denn sie glaubte, ihr Töchterchen werde sich vergiften. Aber ehe sie Tuttchen warnen konnte, geschah etwas viel Schlimmeres. Es trottete nämlich ein gewaltiges Wildschwein mit zwei langen spitzen Hauern zum Baume. Der Mutter blieb fast das Herz stehen vor Angst. Aber das Wildschwein, das in dieser abgelegenen Gegend nie einen Menschen gesehen hatte, war ganz zutraulich. Es schnüffelte an Mutter Thusneldas Kleid herum und schnaubte behaglich, als Tuttchen es arglos in den Borsten kraulte.
Das große Tier mit seinem Schweinsrüssel suchte im Grase nach braunen Kugeln und verzehrte sie schmatzend. Erst

nach einer Stunde, als es satt zu sein schien, trottete es wieder davon.
Mutter Thusnelda fiel ein Stein vom Herzen, aber nicht nur wegen der Gefahr, sondern auch wegen des Hungers. Denn nun wußte sie, daß man die Dinger aus den stachligen grünen Schalen essen konnte. Sie trug viele Hände voll in den Ochsenkarren, und auf der Weiterreise knackte sie mit Tuttchen, ihrer Tochter, die Kugeln auf, und beide knabberten nach Herzenslust. Als sie am Abend heimkamen, erzählten sie dem Vater und den Brüdern von ihrem Erlebnis, zeigten ihnen die Baumfrüchte und rösteten sie in ihrem Holzhause am Feuer.
Weil nun der Verstand der Menschen in der Zwischenzeit feiner geworden war, deshalb war die Sprache genauer geworden. Tausend Jahre zuvor hatte man plump und einfach *knäck* gesagt. Jetzt aber nannte man eine einzelne Frucht *Knäckste*, und wenn man von mehreren Früchten sprach, sagte man *Knäcksten*. Drum hieß der Baum jetzt nicht mehr *Knäckbaum*, sondern *Knäckstenbaum;* und alle Kinder, die rings im Lande in Holzhäusern wohnten, holten sich die Knäcksten im Herbst zum Naschen.
Viel Zeit verfloß, und tausend Jahre gingen ins Land. Die Menschen verließen die Holzhäuser und bauten sich steinerne Burgen auf Bergen. An den Baum im fernen Tal erinnerte sich niemand mehr.
Da kam eines Tages Ende Oktober ein Ritter mit seinem Sohn durch das abgelegene Tal geritten. Der Ritter, der eine blitzende silberne Rüstung trug, hieß Wolfhardt von Baldewein. Sein Söhnchen, das ein klirrendes Kettenwams anhatte, hieß Wölfchen. Vater Wolfhardt, der seinen Sohn nicht nur im Reiten und Fechten, im Bogenschießen und in der Falkenjagd, sondern auch im Reimebinden unterwies, benutzte diesen Ausritt, um seinem Sohn die schöne Kunst der Dichter beizubringen.
Wölfchen hatte gerade ein Gedicht angefangen. Es begann mit den Worten:
»Ich han ußerhalb der Vesten ...«
Das heißt: »Ich habe außerhalb der Burg ...«
Als er nun im Dahinreiten einen Reim suchte, um den Vers zu beenden, fiel sein Blick auf den Baum, der in den zweitausend Jahren übermächtig groß geworden war. Er fragte seinen Vater Wolfhardt, wie der Baum wohl heiße. Aber der Ritter wußte es nicht, bis er sich mit einem Male eines Pergaments von seinem Ur-Ur-Ur-Ur-Urgroßvater erinnerte, das von einem Baum mit Fingerblättern und stachligen grünen Früchten berichtete. Dieser Ur-Ur-Ur-Ur-Urgroßvater hatte auf dem Pergament auch den Namen des Baumes genannt, aber Ritter Wolfhardt von Baldewein konnte sich dieses Namens nicht mehr genau erinnern. Er grübelte und grübelte, denn der Name lag ihm auf der Zunge, aber er kam einfach nicht darauf. Erst als er eine volle halbe Stunde nachgedacht hatte, fiel ihm endlich der Name ein. Aber weil ihn vorher sein Sohn nach einem Reim auf *Vesten* gefragt hatte, brachte er beides durcheinander und nannte die Baumfrüchte nicht *Knäcksten*, sondern *Kästen*, und diesen Namen sagte er seinem Sohne.
»Oh!« rief Wölfchen. »Das ist aber ein Zufall! Denn jetzt habe ich einen schönen Reim auf *Vesten*.«

Und er dichtete im Weiterreiten seinen Vers zu Ende:

»Ich han ußerhalb der Vesten
Wohl gesehen gruoße Kästen!«

Das heißt:

»Ich habe außerhalb der Burg
Große Kästenbäume gesehen!«

Vater Wolfhardt war mit seinem Sohne sehr zufrieden. Als sie am Abend in der Burg ankamen und im großen Rittersaal beim Nachtmahl saßen, mußte Wölfchen seinen Vers zur Laute vorsingen, und es gab großen Beifall unter den Damen und Herren und auch unter den Knappen und Mägden.

Seit diesem Tage wurde der Baum im Tale nicht mehr *Knäckbaum* und auch nicht mehr *Knäckstenbaum*, sondern *Kästenbaum* genannt; denn der Geist der Menschen war durch die höfische ritterliche Zucht feiner geworden und die Sprache ebenfalls. Das Wort *Knäckstenbaum* klang den Sängern nicht gut in den Ohren. Es schien so roh und ungeschlacht. Das Wort *Kästenbaum* klang feiner, ebener und war leichter zu singen. So sagte man fortan *Kästenbaum*, und alle Kinder, die rings auf den Bergen in Burgen wohnten, ritten oft im Herbst in das Tal, um unter der Krone des Baumes zu singen.

Viel Zeit verfloß, und tausend Jahre gingen ins Land. Die Menschen verließen die Burgen und bauten sich steinerne Städte. An den Baum im fernen Tal erinnerte sich niemand mehr.

Aber eines Tages, an einem warmen Herbsttag, lustwandelte eine Dame mit ihrem Töchterchen in dieser fernen Gegend und sah mit Erstaunen den uralten Baumriesen im Tale. Die Dame, die einen glockigen Reifrock trug und auf-

gestecktes gepudertes Haar, hieß Laura. Das Töchterchen, das ein seidenes Wämslein anhatte und dazu einen langen Taftrock, hieß Laurinchen. Jede hatte einen blumengeschmückten Schäferstab in der Rechten und einen Fächer in der Linken.
Als sie sich eine Weile ausruhend unter dem Baume niederließen, fanden sie im Grase die stachligen grünen Früchte und die braunen Kugeln, die darin verborgen waren.
»Oh, wie liebreizend!« zwitscherte Laurinchen.
»In der Tat! Sehr liebreizend!« antwortete die Dame Laura.
Dann legten die beiden Fächer und Schäferstab zur Seite und warfen einander die braunen Kügelchen zu.
Laurinchen fragte die Mama, wie diese Früchte hießen. Aber Frau Laura konnte sich nicht gleich daran erinnern. Ihr fiel nur ein, daß sie den Namen einmal in einem Buche ihrer Ur-Ur-Ur-Ur-Urgroßmutter gelesen hatte. Auch meinte sie, sich zu erinnern, daß diese Bäume in Spanien wüchsen. Weil Mutter Laura nun gar zu gern in Reimen sprach, so sagte sie:
»Die Früchte wachsen in Spanien
Und heißen Käst... heißen Kast... anien!«
»Oh, Kastanien! Welch artiger Name«, zwitscherte Laurinchen. »Erlaubt Ihr, Mama, daß ich etliche einsammele und heimtrage für die Gespielen?«
»Sammle nur, meine kleine Nachtigall«, antwortete die Dame Laura.
So kam es, daß Laurinchen in den Taschen ihres seidenen Wämschens vier Kastanien mit heimbrachte. Die Schwestern und ihre französische Gouvernante fanden die Kügelchen allerliebst, und an einem schönen Herbsttage fuhren sie alle in einer Kutsche in das abgelegene Tal um einen ganzen Blumenkorb voll zu sammeln.
Seit diesem Tage wird der uralte Baum *Kastanienbaum* genannt. Und alle Bäume deren Blätter an den Stengeln stehen wie die fünf Finger einer Hand, haben denselben Namen.
So hat sich der Name in dreitausend Jahren dreimal verändert. Aber der Baum im fernen Tal ist immer noch derselbe, nur größer und dicker ist er geworden.

88 Die ersten vier Wörter der Welt

Das erste Wort der Welt war: MANN.
Denn Adam kam auf Erden an.

Das zweite Wort der Welt war: MÄDCHEN.
Denn Eva kam mit hübschen Wädchen.

Das dritte Wort der Welt war: MUTTER.
Denn Eva gab zwei Söhnen Futter.

Dann kam zur Welt das vierte Wort,
Ein schlimmes Wort, denn es heißt: MORD.

Kain machte seinen Bruder stumm.
Ihr wißt: Er brachte Abel um.

Das war nun das Modell der Welt,
Da war das Muster aufgestellt:

Aus Mann und Mädchen wird ein Paar
Und aus dem Paar die Kinderschar.

Das Mädchen wird zur Frau und Mutter;
Dann kommt der Neid: Man zankt ums Futter.

Aus Neid wird Streit. Aus Streit wird Mord.
Und so geht's ewig fort und fort.

Doch fällt ein fünftes Wort mir ein:
Wie wär's denn, menschlich MENSCH zu sein?

89 Hochwissenschaftlich

Wie hat es doch an allen Orten
Die Wissenschaft so weit gebracht!
Ehrfürchtig lauschen wir den Worten,
Mit denen sie uns schwindeln macht:

Der Tropikant buruhlt Flamellen,
Kaluderierend sein Pusteck.
Er glasuriert sofame Nellen
Mit badufanem Satupeck.

Kaluderade Gloischen glumpen
Blubase Soifzen im Gewaas,
Und Klauche, die in Mulsen blumpen,
Oszipulieren ihr Emphas.

Usigolone Gilbzerine
Zimakulonzen paduphan.
Die barriladen Karnuline
Zerbeutzen jach im Orphitran.

Doch Fritz kann das nicht imponieren.
Sagt im Labor der Doktor Frey:
»Fritz, gehe Albumin hydrieren!«
Sagt der: »Ist gut! Ich koch das Ei!«

Kurzum, in komplizierten Reden
Steckt oft ein Sinn, der simpel ist.
Drum sagt das Sprichwort bei den Schweden:
»Öck föine hörrön schiet man mist.«

90 Das Lied von Krieg und Frieden

Ein Land mit grünen Auen,
Mit Wald und Feld und Hag:
Schön war es anzuschauen,
Als es in Frieden lag.

Doch nach dem Krieg war es verbrannt,
Zerwühlt, zerpflügt die Felder,
Zermalmt das Dach, zersprengt die Wand,
Zerstört die Stadt, zerfurcht das Land,
Zerfetzt, zerfleischt die Wälder.

Ein Land im tiefen Frieden:
Wie ist das reich und schön.
Doch aus den Waffenschmieden
Kommt drohend ein Gedröhn:

Zertrümmert wird bald mancher Ort,
Zerrissen Freundesbande,
Zersprengt der Herd, verzerrt das Wort
Zerfleddert Buch und Bücherbord,
Zermürbt das Volk im Lande.

Laßt uns den Frieden preisen,
Der Menschen menschlich macht.
Sonst kommt mit Blut und Eisen
Der finstre Krieg, die Nacht.

Zerborsten sind die Uhren dann,
Zersplittert ihr Getriebe,
Zerschundne Frauen sehn dich an,
Zerlumpt das Kind, zerfurcht der Mann,
Zerbrochen ist die Liebe.

Zehnter Flug

Rundum
oder
Aller Anfang ist das Ende

Geschichten und Gedichte vom Menschen

91 Ein Kind

Ein rosarotes Garnichts,
Vom Himmel uns gebracht;
Nichts als zwei blaue Augen;
Nichts als ein Mund, der lacht;
Nichts als zwei rote Bäckchen,
Ein Näschen, keck und klein,
Zehn runde Zappelzehen,
Zwei Händchen obendrein;
Nichts als ein Busch von Locken
Und ein Gesicht darin;
Nichts als ein süßes Stammeln
Mit rätselvollem Sinn;
Nichts als ein Herz, ein kleines,
Von keinem Kummer schwer;
Nichts als die runde Stirne,
Weiß und gedankenleer.
Ein rosarotes Garnichts,
Ein Blumenstock, ein Kind,
Ein Leben nur zum Lieben,
Solange wir noch sind.

Nach einem englischen Volkslied

92 Kätchen

Eine Geschichte in Reimen

Kätchen
Ist ein kleines Mädchen,
Etwas dumm und etwas schlau.
Kätchen
Sieht in ihrem Städtchen
Jeden Tag die Werbeschau.

Kätchen, der die Schau gefällt,
Sagt:
»Jaja, so ist die Welt.«

Kätchen
Sagt zum Urgroßvater,
Ihrem Freunde und Berater:
»Bin ich groß, leb ich als Frau
So wie in der Werbeschau.«

Freundlich fragt der alte Mann:
»Sag, mein Kind, wie lebst du dann?«

Kätchen
Denkt: »Was werd ich tun?«
Und dann sagt sie: »Jeden Morgen
Werd ich mir ein Ei besorgen,
Aber vom
BEGLÜCKTEN HUHN.«

Freundlich sagt der Urgroßvater,
Kätchens Freund und auch Berater:

»Kätchen, ach, es gibt kein Glück
In der Hühnerei-Fabrik,
Weil das Hühnchen ohne Freiheit
In der grauen Einerleiheit
Eingesperrt nur unentwegt
Eier, Eier, Eier legt.

Aber, Kätchen, sag mir doch,
Was tust du denn später noch?«

Kätchen
Sagt auf diese Frage:
»Jeden Morgen kauf ich ein.
Und die Kleider, die ich trage,
Sind natürlich superrein.
Denn ich wasch sie ja zuvor
Blütenzart mit
BLÜTAFLOR!«

Freundlich sagt der Urgroßvater,
Kätchens Freund und auch Berater:

»Kätchen, Kätchen, weiße Blüten
Blühn und duften hübsch am Baum.
Doch das Pulver aus den Tüten
Ist nicht mehr als Seifenschaum.

Aber, Kätchen, sag mir doch,
Was tust du denn später noch?«

Kätchen
Sagt: »Ich werde rauchen.
Rauchen ist so elegant.
Weißt du, so in Rauch eintauchen
Und den Duft der Welt aushauchen,
Das tut jedes feine Frauchen
Mit der Marke
SÜDERLAND!«

Freundlich sagt der Urgroßvater,
Kätchens Freund und auch Berater:

»Kätchen, Düfte dieser Erde,
Der Ozon im Sturmgefauch,
Hauch der Blumen, Ruch der Pferde
Oder einer Rinderherde,
Stecken nicht im Tabakrauch.

Aber, Kätchen, sag mir doch,
Was tust du denn später noch?«

Kätchen
Sagt: »Bei mir kommt immer
Alles blitzend auf den Tisch.
Denn Geschirr mit Hochglanzschimmer
Wirkt so appetitlich frisch.
Was macht guten Appetit?
Abwaschmittel
PIPIRIT!«

Freundlich sagt der Urgroßvater,
Kätchens Freund und auch Berater:

»Kätchen, Kätchen, was dir schmeckt
Und dir Appetit erregt,
Sind Melonen und Tomaten,
Leberwurst und Gänsebraten,
Erdbeerkuchen, Puddingkrem
Und so manches außerdem.
Doch wenn du im weißen Kittel
Abwasch machst, bedenke schlicht:
Spülen tut ein Abwaschmittel,
Aber schmecken tut es nicht.

Aber, Kätchen, sag mir doch,
Was tust du denn später noch?«

Kätchen
Sagt: »Ich will auf Draht sein,
Vollenergisch, lebensfroh.
Ich will niemals krank und fad sein.
Ich will fit sein und oho.
Alle Menschen sind auf Draht
Durch die Pille
VITAMAT!«

Freundlich sagt der Urgroßvater,
Kätchens Freund und auch Berater:

»Kätchen, ist man froh und heiter,
Ist man meistens auch gesund.
Und die Pillen und so weiter
Nimmt man doch nicht ohne Grund.
Und *ich* find es gar nicht fein,
Immerzu auf Draht zu sein.«

Ha, da ruft das kleine Mädchen,
Kätchen,
Das in ihrem Städtchen
Gerne sieht die Werbeschau:
»Sollen denn die feinen Sachen,
Die so schön Reklame machen,
Mir nicht nützlich sein als Frau?«

Freundlich sagt der Urgroßvater,
Kätchens Freund und auch Berater:

»Kaufe, wenn du willst, in Bündeln
Blütaflor und Pipirit.
Aber laß dich nicht beschwindeln:
Pulver macht nicht Appetit.

Käfighühner sind nicht glücklich.

Tabakrauch ist nicht die Welt.

Pillen nimmt man nur, wenn's schicklich.

Seifenpulver, wenn auch nützlich,
Ist noch lang kein Blütenfeld.

Nun beschau, gewitzt und schlau,
Dir die nächste Werbeschau.

BLÜTAFLOR UND PIPIRIT
WÜNSCHEN GUTEN APPETIT!«

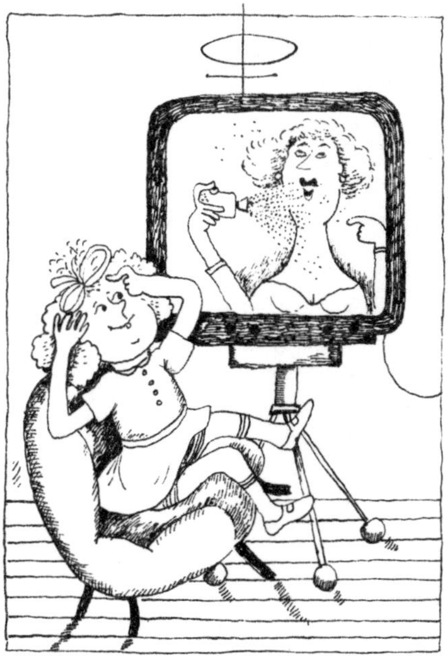

93 Gedicht für jeden Tag im Jahr

Jeder wünscht sich jeden Morgen
Irgend etwas – je nachdem.
Jeder hat seit jeher Sorgen,
Jeder jeweils sein Problem.

Jeder jagt nicht jede Beute.
Jeder tut nicht jede Pflicht.
Jemand freut sich jetzt und heute.
Jemand anders freut sich nicht.

Jemand lebt von seiner Feder.
Jemand anders lebt als Dieb.
Jedenfalls hat aber jeder
Jeweils irgend jemand lieb.

Jeder Garten ist nicht Eden.
Jedes Glas ist nicht voll Wein.
Jeder aber kann für jeden
Jederzeit ein Engel sein.

Ja, je lieber und je länger
Jeder jedem jederzeit
Jedes Glück wünscht, um so enger
Leben wir in Einigkeit.

94 Die Geschichte eines Knaben

Erster Teil: Die Versammlung

In Montenegro, im Land der Schwarzen Berge, lebte in alter Zeit ein Knabe namens Blascho Brajowitsch, ein Junge mit großen, fast schwarzen Augen, der als einziges Kind der näheren und weiteren Umgebung lesen und schreiben konnte, weil auf seinen eigenen Wunsch ein Pope es ihm beigebracht hatte. Während die anderen Knaben seines Alters sich danach sehnten, so schnell wie möglich Gewehr und Schnauzbart eines Mannes zu verdienen, hatte Blascho nur den einen Wunsch: ein kluger Mann zu werden, wenn möglich so klug wie der Herr Fürstbischof.

Blaschos Vater Rade, ein Hüne von zwei Zentnern, der die Pistole und die Flinte liebte wie ein anderer seine Pfeifen, pflegte seinen Sohn »das Lamm« zu nennen. Oft fragte er sich sorgenvoll: »Was wird aus ihm, wenn die Wölfe kommen?«

Der große starke Mann meinte mit den Wölfen nicht etwa die Türken, gegen die in den montenegrinischen Bergen seit undenklichen Zeiten ein immerwährender Kleinkrieg geführt wurde; er meinte vielmehr Männer des eigenen Volkes, Männer aus Stämmen, die mit seinem Stamm verfeindet waren.

Denn zu jener Zeit gab es in Montenegro die Blutrache noch, die sich wie eine unheilbare Krankheit fortschleppte von Geschlecht zu Geschlecht. Das Heldenlied vom kleinen Volk, das in seinen Bergen der türkischen Übermacht widerstand, war zugleich das Trauerlied eines unter sich in Zwist und Hader zerrissenen Volkes. Man erschoß oder erschlug Männer aus anderen Stämmen, weil jene zuvor Männer des eigenen Stammes umgebracht hatten. Mord zeugte Mord in einer Kette ohne Ende.

Da es nun als schimpflich galt, an Frauen und Kindern Rache zu üben, da nur ein erschlagener Mann der Blutrache Genüge tat, war es eine männermordende Zeit. Blaschos Mutter und seine beiden Schwestern unterbrachen ängstlich Gespräche oder Arbeit, wenn sie in den Bergen einen Schuß dröhnen hörten; denn es konnte sein, daß statt eines Bären oder Hasen Rade, der Mann und Vater, getroffen war.

Der Knabe Blascho hatte anfangs wie die

Frauen gezittert, wenn das Echo eines Schusses von den Felswänden herübergeworfen worden war. Aber mit zunehmendem Alter und mit dem Fortschritt, den er im Lesen und Schreiben machte, hatte die Angst um den Vater nachgelassen. Er hatte erkannt, daß sein Vater zwar wild und rasend wie ein Stier sein konnte, aber zugleich von füchsischer Vorsicht war. Er bangte nicht mehr um des Vaters Leben. Statt dessen machte er sich von Jahr zu Jahr mehr Gedanken über die Männer, die mit Pistolen und Flinten rächend durch das Gebirge zogen und Haus, Feld und Kinder den Frauen überließen. Gewöhnlich lag er in seinem weißwollenen Hirtenmantel mit den schwarzen Säumen unter dem Granatapfelbaum im Gras und hatte die Bibel bei sich, das einzige Buch, das es im Hause gab.

Blascho hatte in der Bibel Sätze gelesen, die er noch nie aus montenegrinischem Munde gehört hatte, nicht einmal aus dem Munde des Fürstbischofs. Er hielt diese Sätze deshalb für Geheimnisse, die man nicht aussprechen durfte. In ihnen war die Rede davon, daß man seinen Feinden vergeben, ja, daß man sie sogar lieben solle. Es war die Rede von den Friedfertigen, die selig sind, und von denen, die in das Himmelreich kommen, wenn sie nur wie die Kinder werden.

Wenn Blascho, im Grase liegend, hinaufsah in das Grün des Granatapfelbaums, dessen Früchte sich im steigenden Jahr langsam röteten, dann dachte er oft an den lustigen Onkel Petar, den Bruder seiner Mutter, der eines sonnigen Sonntagmorgens schreiend und wie ein Betrunkener schwankend unter diesen Baum getaumelt war. Zwischen den Fingern seiner Hände, die er über dem Herzen gehalten hatte, war ein Strom von Blut hervorgequollen und hatte Wams und Hose besudelt. Hier unter diesem Baum war Onkel Petar vornüber ins Gras gestürzt. Hier hatte er gerufen: »Rächt mich! Es waren . . .«

Die Stimme war gebrochen, ehe Onkel Petar seine Mörder genannt hatte, und er war gestorben, ehe die Frauen aus dem Haus gekommen waren.

Damals hatte den Knaben Blascho ein heiliger Zorn gepackt. Wer die Mörder waren, hatte er gewußt. Auch wenn Onkel Petar die Namen nicht mehr hatte aussprechen können. Es konnten nur die Djuranowitschi gewesen sein, mit deren Stamm sein eigener Stamm in Blutsfehde lag.

Im Angesicht des toten Onkels hatte Blascho geschworen, später, wenn er Gewehr und Schnauzbart besäße, das Blut Onkel Petars mit Blut zu vergelten.

Aber inzwischen war der Mörder gerichtet und der Tote gerächt. Blaschos eigener Vater hatte den Mörder erstochen, als er ihm oben im Gebirge in einem Wald begegnet war. Dafür hatten die Djuranowitschi den jüngsten Bruder des Vaters erschlagen, den schönen Onkel Leka mit den schmalen Händen.

Nun war es nicht mehr Onkel Petar, sondern Onkel Leka, der gerächt werden mußte. Die blutige Fehde ging weiter ohne Hoffnung auf ein Ende, Auge um Auge, Zahn um Zahn, Mann um Mann.

Blascho, der Knabe, dachte jetzt mit Schaudern daran, daß er vielleicht eines Tages den kleinen Ivo erschlagen oder erschießen müßte, Ivo, mit dem zusammen er Forellen gegriffen hatte, ehe er erfuhr, daß Ivo zu den Djuranowitschi gehörte, mit denen sein Stamm in Blutsfehde lag.

Blascho fand keinen Sinn mehr in dem blutigen Ringelspiel. Er dachte an die geheimnisvollen Sätze in der Bibel, er träumte von einem Reich des Friedens. Er wollte nicht mitspielen in diesem Karussell der Rache.

Deshalb schoß ihm vor freudiger Bestürzung wahrhaftig das Blut in den Kopf, als sein Vater eines Tages erklärte, am folgenden Freitag werde zwischen den beiden feindlichen Stämmen, den Djuranowitschi und den Brajowitschi, seinem eigenen Stamm, eine Verhandlung stattfinden, um die Blutrache zu beenden.

»Was ist denn geschehen, Vater?« fragte Blascho in atemloser Verwunderung.

»Dein Großonkel Krso ist von einem Djuranowitsch erschossen worden. Ich hätte ihn noch am selben Tage rächen können . . .«

»Aber du hast es nicht getan?« unterbrach Blascho den Vater.

»Nein. Ich habe es nicht getan. Der Bruder des dreimal verfluchten Mörders, Hazmi, der den türkischen Glauben und einen türkischen Namen angenommen hat, küßte mir den Schuh und bat um Verzeihung und um Frieden zwischen unseren Häusern.«

»Und du hast Frieden gemacht!« rief Blascho freudig erregt.

»Nein, mein Sohn. Das habe ich nicht. Wie kann ich, ein einzelner, für das ganze Haus den Frieden schließen. Ich habe nur nachgezählt, wie viele Männer wir und

die Djuranowitschi noch haben. Und ich habe festgestellt, daß unsere beiden Häuser bald ohne Stammhalter sein werden, wenn die Fehde nicht aufhört. Deshalb müssen wir auf die Rache verzichten und Frieden machen. Ob es uns paßt oder nicht. Freitag ist die Verhandlung. Du führst mein Pferd.«

»Gern, Vater«, sagte Blascho. Und wieder schoß ihm Röte ins Gesicht.

Die Verhandlung fand auf einer Wiese unterhalb einer schroffen Felswand statt. Es war gegen Mittag. Die Sonne stand hoch. Die Luft war heiß und trocken. Wie üblich kamen alle zur Verhandlung: die Frauen in Schwarz, die Kinder hell gekleidet, die Männer bunt und in bestickten Wämsern, manche mit zwei Pistolen in den Schärpen.

Jede Familie erschien in der Ordnung, die die Sitte vorschrieb: Der Hausherr ritt, der älteste Sohn führte das Pferd, die übrige Familie folgte zu Fuß.

Widerwillig und fast als letzter kam so auch der hünenhafte Rade mit seiner Familie an. Hoch aufgerichtet saß er auf dem schwarzen Hengst, den Blascho führte. Bei den Brajowitschi, die links lagerten und deren Ältester er jetzt war, ließ er halten. Behend trotz seiner mehr als fünfzig Jahre sprang er vom Pferd und setzte sich auf einen Feldstein, den ein junger Mann bei seiner Ankunft wortlos geräumt hatte. Noch im Sitzen überragte er alle anderen Brajowitschi.

Nach einem kurzen Gruß murmelte er mit einem Blick auf die Djuranowitschi, die auf der anderen Wiesenseite saßen: »Ich wünschte, sie führen alle zur Hölle.«

»Dann fahren wir mit, Rade«, sagte ruhig ein alter Hirte, der unverheiratet und

kinderlos und daher ohne Stimme im Rat war.

Rade entgegnete ihm: »Ja, wir fahren mit zur Hölle, wenn die Fehde weitergeht. Deshalb sind wir ja hier. Gott sei's geklagt.«

Als die Verhandlung, die zwischen den verheirateten Männern geführt wurde, begann, machte Rade sich rasch zum Wortführer seines Hauses, und bald holte man ihn als Verhandlungsführer in die Mitte der Wiese.

Blascho sah, als sein Vater gerade zur Wiesenmitte schritt, zufällig Ivo, seinen einstigen Spielgefährten, auf der gegenüberliegenden Seite zwischen den Djuranowitschi sitzen und winkte ihm zu. Ivo machte große Augen, weil er entweder Blascho nicht gleich wiedererkannte oder weil der Gruß aus dem feindlichen Lager ihn überraschte. Dann aber winkte er zurück. Zwei Knaben schlossen Frieden, als die erwachsenen Männer noch weit von einem Friedensschluß entfernt waren.

Beide Häuser klagten noch um einen Toten, als man um Frieden verhandelte; denn dem Mord an Blaschos Onkel Krzo war der Mord an einem Djuranowitsch vorausgegangen. So war für eine Verhandlung, die Vernunft und Mäßigung regierten, die Zeit nicht eben günstig; Schmerz und Trauer um die Toten waren noch frisch. Und der Zorn auf die Mörder, mühsam unterdrückt, konnte jeden Augenblick ausbrechen wie ein Stauwasser, das sein Wehr sprengt.

Doch Blaschos Vater Rade hielt, weil er den eigenen Zorn gemeistert hatte, einstweilen auch den Zorn der anderen in Zaum. Als wieder und wieder Klagen um Väter, Männer oder Brüder laut wurden, als beide Seiten gar anfingen, die Toten gegeneinander aufzurechnen, hob er die Hände, brachte auf beiden Seiten die Ankläger zum Schweigen und rief: »Wir sind hier nicht zusammengekommen, um Tote zu zählen und neuen Zorn zu wecken. Wir sind zusammengekommen, damit unsere Häuser nicht verderben wie ein Acker ohne Frucht. Seht euch doch um! Wie viele Frauen sind ohne Männer? Wie viele Kinder ohne Väter? Es gibt auf beiden Seiten genügend Gewehre und genügend sichere Hände, um auch die letzten Frauen noch zu Witwen, auch die letzten Kinder noch zu Waisen zu machen. Wir wollen nicht aus Angst und Schwäche Frieden schließen, sondern aus Überlegung und Vernunft. Wenn das Blut der Vergangenheit wieder über uns kommt, wenn wir mit den Gewehren statt mit Worten reden, wird es für beide Seiten keine Zukunft geben! Für keinen Djuranowitsch! Für keinen Brajowitsch! Dann sterben unsere Häuser aus, und die letzten des Stammes werden zahnlose Witwen sein, die ihre Männer und Väter verfluchen bis ins letzte Glied.«

Blascho hatte, als der Vater redete, an dessen Lippen gehangen wie sonst nur an den Lippen des Fürstbischofs, wenn der an hohen Feiertagen predigte. Von der Vernunft als Lenkerin der Taten hatte er den Vater noch nie reden hören. Ihm war, als sprenge der Vater den fürchterlichen Ring der Blutrache, in den sie alle eingeschlossen waren. Er hätte aufspringen und den Vater umarmen mögen.

Aber in dieser Welt der stolzen Männer hätte er sich damit nur lächerlich gemacht.
Es waren im übrigen nicht wenige unter den Versammelten, die Rade für die Rede dankbar waren. Als Rade die offenen Hände beiden Seiten hinhielt und ausrief: »Wer für den Frieden ist, der stehe auf!«, da sprangen viele der Versammelten sogleich auf die Beine, und nach und nach erhoben sich alle anderen, bis vor der Felswand wie ein ungemähtes Feld Kopf an Kopf die Mitglieder der beiden Häuser standen.
»So sei denn Friede!« rief Rade mit erhobenen Händen. Aber bevor er beim Senken der Hände das Kreuz schlagen konnte, schrie aus dem Lager der Djuranowitschi die alte Andja, die Mutter eines der jüngst Erschlagenen: »Nein! Es wird kein Friede, ehe mein Sohn gerächt ist!«
»Aber er ist gerächt, Mutter!« sagte ihr jüngster Sohn, der neben der immer noch am Boden Hockenden stand.
»Ist er gerächt, wenn sein Mörder lebt?« kreischte die Alte. »Ich kenne seinen Mörder. Dort steht er!«
Sie stand auf und zeigte auf einen jungen Mann im Lager der Brajowitschi. Dann hockte sie sich wieder hin und rief, Hohn auf dem faltigen Ziegengesicht, ihrem Sohn zu: »Ein Feigling, wer seinen Bruder nicht rächt! Ein Hundsfott, wer den Tod mehr fürchtet als die Schande!«
Die ganze Versammlung stand noch starr nach diesem plötzlichen Ausbruch der Alten, als der Sohn der Andja blitzschnell die Pistole zog, anlegte, ohne lange zu zielen, und abdrückte.

95 Zweiter Teil: Der Schuß

Der Knall des Schusses wurde von der Felswand zurückgeworfen. Aber der Aufschrei der Menge überdröhnte ihn. Hände fuhren an die Pistolen. Kinder weinten. Frauen packten die Hände ihrer Männer, um sie am Schießen zu hindern. Ein Augenblick hätte genügt, den kaum gewonnenen Frieden wieder in blutigste Fehde zu verwandeln, wenn nicht Rade abermals die Arme hochgeworfen und – sich gegen seine eigenen Leute wendend – gebrüllt hätte: »Wer ist getroffen?«

Die Frage hatte den beginnenden Tumult überdröhnt und war verstanden worden. Jetzt wurde es plötzlich still, weil jedermann auf Antwort wartete.

Aber es kam keine Antwort. Die Stille wurde so tief, daß man aus der Ferne ein Schaf blöken hörte.

Da wandte Rade sich den Djuranowitschi zu und sagte: »Wäre einer der Unseren getroffen worden, so lebte auch dein jüngster Sohn nicht mehr, Andja. Willst du, daß es so weitergeht? Willst du niemals Enkelkinder in Schlaf singen? Willst du ohne Nachkommenschaft sterben als morscher Baumstumpf, der kein Blatt mehr treibt? Dein Sohn ist kein Feigling. Wir alle wissen es. Du hast ihm Krieg befohlen, und er hat geschossen. Nun befiehl ihm den Frieden. Steh auf!«

Mit verschlossenem Gesicht, in dem die kleinen Augen mißtrauisch die schweigend um sie versammelten Leute musterten, erhob die alte Frau sich ganz langsam aus ihrer Kauerstellung. Ihr Mund war zusammengepreßt. Sie sprach kein Wort. Aber sie stand auf. Als letzte.

Nun wiederholte Rade, die offenen Handflächen den beiden Lagern hinhaltend: »So sei denn Friede!« Dann schlug er langsam das Kreuz.

Der Frieden war geschlossen. Einige der Versammelten setzten sich wieder. Andere fingen stehend Gespräche an. Viele gingen hin und her, und auch von einem Lager zum anderen gab es Bewegung.

Die alte Andja brach, ohne mit ihrem Sohn ein Wort zu wechseln, als erste auf. Ihr folgten bald andere, die daheim bei Schnaps oder Wein den ereignisreichen Tag noch einmal besprechen wollten.

Die Familien, die noch Väter hatten, brachen in der vorgeschriebenen Ordnung auf: Der Hausherr ritt, der älteste Sohn führte das Pferd. Die übrige Familie folgte zu Fuß.

In dieser Reihenfolge wollte auch Rade mit seiner Familie aufbrechen. Er rief seinen Sohn Blascho, daß er das Pferd übernehme. Aber der Junge antwortete: »Ich kann nicht, Vater. Du mußt mich aufsitzen lassen.«
»Wie?« Rade fuhr herum und sah erst jetzt seinen Sohn an, der ungewöhnlich blaß und nach vorn gekrümmt im Grase saß.
»Was ist denn? Ist dir nicht gut?« fragte er ungeduldig. Der große Mann haßte Krankheiten, bei anderen ebenso wie bei sich selbst. Aber der Junge sah wirklich schlecht aus. Das Gesicht war blutleer. Die Augen waren fiebrig.
»Was ist denn?« wiederholte Rade. Diesmal stellte er die Frage weniger barsch. Er beugte sich sogar herab und legte eine Hand auf die Stirn des Knaben. Sie glühte. Blascho fieberte.
Jetzt wurde Rade unruhig. »Was ist denn geschehen?« fragte er zum drittenmal.
Da schlug sein Sohn den Hirtenmantel ein wenig zurück, und Rade sah, daß der Knabe unter dem Mantel seine Hand auf eine Wunde hielt. Die Finger und das Leinenhemd waren blutverschmiert.
Rade richtete sich wieder auf, sah mit großen Augen und halboffenem Mund auf seinen Sohn nieder und fragte: »Bist du etwa . . .?«
»Ja«, sagte Blascho. »Ich bin getroffen worden.« Er schloß den Mantel wieder über seiner Wunde und fügte hinzu: »Aber es hat niemand gemerkt. Du brauchst es auch keinem zu sagen. Bring mich schnell weg. Der Militärdoktor von Podgoritza macht mich sicher schnell gesund.«
Der Vater stand fassungslos vor seinem Sohn. Er hatte das dumpfe Gefühl, daß dieser Junge im Grase ein Held sei. Aber Helden, die leiden und schweigen, kannte er nicht. Zorn auf diesen Dulder und Schweiger wuchs in seinem Bauch. Und Zorn auf den Schützen, auf den Sohn der alten Andja. Und Zorn auf die Djuranowitschi. Und Zorn auf diesen Frieden, der ihn hinderte, das Gewehr zu nehmen und Rache zu üben für ein Kind, das getroffen war.
Mit ungewöhnlich rauher Stimme fragte er: »Warum sagst du mir erst jetzt, daß du getroffen bist?«
»Sonst hätte es keinen Frieden gegeben, Vater.«
»Ein Frieden, der mit dem Blut eines Kindes erkauft ist, Blascho, ist das ein Frieden?«
»Der Militärarzt kuriert mich bestimmt, Vater. Und mein bißchen Blut spart so viel anderes Blut.«
Plötzlich merkte Rade, daß der Junge, der schwer atmete, Schmerzen hatte und einer Ohnmacht nahe war. Er merkte, daß der Militärarzt jetzt wichtiger war als Ehre, Rache, Zorn und lange Reden. Ohne ein weiteres Wort hob er Blascho auf, setzte ihn in den Sattel seines Pferdes und fragte: »Kannst du dich mit einer Hand halten?«
Blascho nickte.
Da rief Rade die Frauen heran, die sich in einiger Entfernung mit Nachbarinnen unterhielten, und sagte zu ihnen: »Wir gehen. Achtet mir auf den Jungen. Er muß zum Doktor.«
Ehe die Frauen Zeit zu Fragen hatten, griff Rade in den Zaum des Hengstes und führte ihn von der Wiese.

Wer noch auf dem Versammlungsplatz stand, sah mit Staunen, daß etwas Unerhörtes geschah: Der Älteste eines Hauses, ein großer stolzer Krieger vor dem Herrn, führte für seinen Sohn das Pferd, für einen Knaben, dem noch kein Flaum aus Kinn und Wangen sproß.

Ein Djuranowitsch, der sich für witzig hielt, rief: »Glaubst du, im Frieden müssen Wölfe die Lämmer hüten, Rade?«

Rade antwortete im Weitergehen: »Dieses Lamm hat euren Frieden mit seinem Blut bezahlt, Djuranowitsch. Andjas Sohn hat ihn getroffen. Er aber hat keinen Laut von sich gegeben, damit du deinen faulen Frieden hast.«

Jetzt, da sie wußten, was geschehen war, schrien die Frauen auf. Die Männer ringsum aber betrachteten staunend oder bewundernd den Knaben auf dem Pferd. Als der alte kinderlose Hirte die Kappe vom Kopf zog, taten alle Männer es ihm nach.

BANK
Polizei
Polizei

96 Der falsche Hundertmarkschein

Ein Mann in einer Bank entdeckte abends, als er die Kasse machte, einen falschen Hundertmarkschein. Den legte er gesondert in ein Fach des Safes, um ihn gelegentlich zur Polizei zu bringen.
Nun brauchte am nächsten Tag der Kassierer der Bank hundert Mark. Als der im Safe den Hundertmarkschein sah, nahm er ihn an sich und dachte: Ich zahle das übermorgen zurück, wenn ich meinen Lohn bekomme.
So kam der Hundertmarkschein zu einem Autoschlosser, den der Kassierer damit für eine Reparatur seines Autos bezahlte.
Der Autoschlosser, der seinem Fleischer hundert Mark schuldete, dachte: Der Schein kommt mir gerade recht, um meine Brotzeiten des letzten Monats zu bezahlen. So trug er denn den Schein zum Fleischer.
Beim Fleischer im Laden stand gerade dessen Nachbar. Der wollte hundert Mark kassieren, die er dem Fleischer beim Kartenspiel des letzten Sonntags abgewonnen hatte. So kam der Hundertmarkschein dem Fleischer gerade recht. Er gab ihn dem Nachbarn und sagte: »Hier, nimm den Schein.«
Der Nachbar, ein Grünwarenhändler, trug den Schein nach Haus, gab ihn seiner Frau und sagte: »Zahle damit morgen den Kassierer der Bank, der uns die Bücher durchsieht. Ich schulde ihm hundert Mark.«
Die Frau trug also den Schein am nächsten Tag zum Kassierer der Bank, der hocherfreut war, das entlehnte Geld zurückgeben zu können. Er legte den Hundertmarkschein wieder in das gesonderte Fach des Safes.
Wenig später erinnerte der Mann, der den falschen Hundertmarkschein entdeckt hatte, sich daran, daß er den Schein zur Polizei bringen wollte. So schloß er den Safe auf, fand den Hundertmarkschein im abgesonderten Fach und trug ihn zur Polizei.
Die Polizei untersuchte die Banknote, prüfte sie lange und sagte schließlich: »Ja, das ist ein falscher Hundertmarkschein, wenn er auch raffiniert nachgemacht ist. Wie gut, daß Sie das Geld aus dem Verkehr gezogen haben, mein Herr!«
»Das war doch meine Pflicht«, sagte der Bankmann. Er ahnte nicht, daß mit eben diesem falschen Hundertmarkschein der Kassierer den Autoschlosser, der Schlosser den Fleischer, der Fleischer den Grünwarenhändler und die Frau des Grünwarenhändlers wieder den Kassierer bezahlt hatte.

97 Was spricht das Glockenspiel vom Turme?

So spricht das Glockenspiel vom Turme:
Ich meß die Zeit, die rennt und rennt.
Ich zähle (auch beim stärksten Sturme)
Minute, Monat und Moment.

Den Mumpitz jeder neuen Mode
Mach ich nicht mit. Ich bleib mir gleich,
Sorg für Manier und für Methode
Und für Moral im Menschenreich.

Mit Macht verkünd ich, wie verderblich
Die Menge nach dem Mammon rennt.
Memento mori! Ihr seid sterblich!
Tönt's von des Turmes Monument.

Meß ich dich, Mensch, mit meinem Maße,
Dann bist du nur ein Nichts, ein Wurm!
Ihr tausend Masken auf der Straße,
Merkt auf: Die Glocke tönt vom Turm!

98 Grablied für einen König

Leise tönt unser Lied
Für das Boot, das dort zieht.
Einen König, den trägt es nach Haus.
Gleite fort durch das Meer,
Und dann ruh, guter Herr,
Auf der Insel Ijona dich aus.

Leise nahst du dich nun,
Bei den Vätern zu ruhn,
Fern dem Tag und den Strahlen des Lichts.
Doch dich wecken einmal
In dem steinernen Saal
Die Trompeten des Jüngsten Gerichts.

Leise tönt unser Lied
Für das Boot, das dort zieht.
Einen König, den trägt es nach Haus.
Gleite fort durch das Meer,
Und dann ruh, guter Herr,
Auf der Insel Ijona dich aus.

Nach einem gälischen Volkslied

99 Zwischen den Hügeln grün

Zwischen den Hügeln grün,
Wo die Linden blühn,
Liegt er, Genossen;
Denn sie erschossen
Statt eines Rehbocks *ihn.*

Zwischen den Hügeln grün,
Als sie erschossen ihn,
Trug ich zum Grabe
Als letzte Gabe
Ihm noch ein Grabkreuz hin.

Zwischen den Hügeln grün
Schwarze Kreuze blühn.
Hier liegt der Janko,
Janitschek, Janko.
Ermordet hat man ihn.

Nach einem slowakischen Volkslied

100 In der goldenen Heimat

In meiner goldenen Heimat ist es schön.
Mein silbernes Gehöftchen hat vier Zäune.
Hier wächst ein Kind wie Brommelbeeren auf
Und leicht wie trockenes Heu in luftiger Scheune.

Nach Schwefel duftet das entfernte Feld.
Nach Kümmel riecht das Dorf in jeder Ecke.
Die Wege säumt ein Stachelbeergesträuch.
Und ringsherum die Hagebuttenhecke.

Wir wohnen etwas unterhalb des Dorfs.
Dort fließt ein Flüßchen, und es treibt ein Rädchen.
Im silbernen Gehöftchen wachsen auf
Freundliche Buben und sittsame Mädchen.

Nach einem estnischen Volkslied

101 Das große Menschheits-Abc

Aller Anfang ist das Ende.
Reichen, sagt ein Optimist,
Alle Menschen sich die Hände,
Wird's der Kreis, der endlos ist.

Blühen soll der Kreis der Erde,
Wie ein großer Garten blühn.
Baut, damit er fruchtbar werde,
Beete für das junge Grün.

Chorgesang aus tausend Kehlen
Tönt dann hell und frühlinghaft.
Chorgesang darf dort nicht fehlen,
Wo der Mensch gesellig schafft.

Drückebergern und Despoten
Sagt jedoch die Fehde an,
Denn dann löst sich jeder Knoten,
Der uns noch umgarnen kann.

Elend soll auch keiner leben,
Denn die Welt hat Brot genug.
Ehre jedem guten Streben,
Schmach und Schande dem Betrug.

Freiheit, Frohsinn, Frieden, Freude
Jedem Volke, jedem Land.
Feiert Feste! Und vergeude,
Menschheit, deinen Überschwang!

Geld und Gut und alle Gaben
Dieser Erde wollen wir
Gerne, doch gemeinsam haben,
Hegend Blume, Baum und Tier.

Heiter wie des Himmels Bläue
Sei des Menschen Tun hinfort.
Hell und klar und ohne Schläue
Sei sein Wesen, sei sein Wort.

Irdisch zwar ist unser Walten,
Aber uns gebar das All.
Immer wird der Mensch erhalten
Durch das Licht vom Sonnenball.

Jeder Mensch sei jedem andern
Hilfreich, wenn es nötig wird.
Jeder helfe dem beim Wandern,
Der im Dunkel sich verirrt.

Krieg dem Kriege, Lob dem Frieden,
Lob auch der Gerechtigkeit.
Kampf den dummen Unterschieden
Zwischen Geld und Haut und Kleid.

Lernt zu lieben, liebt zu lernen,
Wünscht auch jedem Menschenkind
Langes Leben unter Sternen,
Die den Menschen günstig sind.

Macht, gemacht von Menschenkindern,
Sei verteilt auf jedermann.
Macht soll niemals mehr verhindern,
Daß ein Freier frei sein kann.

Niemals gebe es mehr Neider,
Niedertracht verweh wie Wind,
Nämlich, wenn die Wurzeln beider,
Gier und Geiz, vermodert sind.

Ordnung walte frei und offen,
Ohne Folter, Stock und Loch.
Oh, ihr Menschen, hoffen, hoffen
Können wir ja immer noch.

Paradies war diese Erde,
Munkelt mancher alte Mann.
Packt, daß sie es wirklich werde,
Alle bei dem Werk mit an.

Querulanten, die da maulen,
Sollen in der Ecke stehn,
Quasselanten und die faulen
Schwätzer nach Faulenzia gehn.

Recht sei Recht, nicht mehr, nicht minder.
Haltet's wach, daß es nicht ruht.
Ruhe ist für Menschenkinder
Ja nur in Portionen gut.

Segen mag der Himmel spenden,
Sonne, Regen oder Schnee.
Sorgen wir nur allerenden,
Daß das Feld bereitet steh.

Tönen sollen Wort und Lieder;
Denn die Lieder wie das Wort
Tönen ja gesellig wider,
Und befruchtend tönt das fort.

Uhren mögen fleißig ticken;
Aber bleibt die Herrn der Uhr.
Unstet nach dem Zeiger blicken,
Macht zu seinem Knecht euch nur.

Verse, Spiele und Geschichten,
Pflegt sie wie das Abc.
Vieles, was die Dichter dichten,
Sagt kein andrer Mund euch je.

Weisheit sei euch auch empfohlen
Für das Alter (gleich dem Wein).
Wie die Bienen Honig holen:
So saugt *ihr* Erfahrung ein.

X-beliebig dumme Sachen
Oder Leute, die euch das
X gern für ein U vormachen,
Macht sie lächerlich durch Spaß.

Yachten, die auf allen Meeren
Segeln, sollen nicht für Herrn
Ypsilanti nur verkehren.
Segle, wer da wolle, gern.

Zeigen wird sich – glaubt es, glaubt es –,
Daß der Mensch gelassen, still,
Zwanglos und erhobnen Hauptes
Mensch sein kann, wenn er es will.

Quellennachweis

Die Geschichten und Gedichte in diesem Buch sind Originalbeiträge außer denen, die im folgenden mit Nummern aufgeführt sind. Den Verlagen danken wir für die freundliche Genehmigung zum Abdruck dieser Geschichten und Gedichte.

Bertelsmann Jugendbuchverlag, Gütersloh
Der wohltemperierte Leierkasten
12 / 36 / 38 / 40 / 44 / 51 / 61 / 71 / 82

Annette Betz Verlag, München
James' Tierleben
43 / 64 / 70 / 73

3×3 an einem Tag
65

Das Buch der sieben Sachen
33 / 92

Boje Verlag, Stuttgart
Bienchen, Trinchen, Karolinchen
31

Henriette Bimmelbahn
22

Aus dem *Verlag Friedrich Oetinger* sind folgende Geschichten und Gedichte:

Die kleinen Pferde heißen Fohlen
66 / 67 / 68

Pauline und der Prinz im Wind
6

Briefe an Pauline
41 / 42

Der Leuchtturm auf den Hummerklippen
50

Mein Urgroßvater und ich
25 / 39 / 45 / 47 / 52 / 53 / 58 / 72 / 87

Mein Urgroßvater, die Helden und ich
11 / 74 / 75 / 76 / 77 / 78 / 79 / 80 / 94 / 95

In Tante Julies Haus
24 / 27 / 28 / 29 / 93

Geschichten aus allen Winden
oder Sturm um Tante Julies Haus
19 / 20 / 21 / 34 / 35 / 48 / 49 / 57 / 59 / 60 / 62 / 84 / 85 / 86 / 88 / 89 / 90 / 96 / 97 / 101

Bücher von James Krüss im Verlag Friedrich Oetinger Hamburg

Adler und Taube

Die Glücklichen Inseln
hinter dem Winde
Gesamtausgabe

Der Leuchtturm
auf den Hummerklippen

Mein Urgroßvater und ich
Deutscher Jugendbuchpreis,
Internationaler Jugendbuchpreis,
Ehrenliste

Mein Urgroßvater,
die Helden und ich

In Tante Julies Haus

Geschichten aus allen Winden
oder Sturm um Tante Julies Haus

Timm Thaler
oder Das verkaufte Lachen

Der kleine Flax

Die kleinen Pferde
heißen Fohlen
Bilderbuch

James Krüss wurde für sein Gesamtwerk mit dem Internationalen Jugendbuchpreis, der Hans-Christian-Andersen-Medaille, ausgezeichnet.